梁夢萍——著

【結合理論與實踐，生活決策更明智】

從家庭到職場，全面提升個人價值

從購物……慧貫穿生活每一面

ACHIEVE FINANCIAL FREEDOM

實現財富自由
你必須懂點日常生活經濟學

非商學院專利！
從家庭到職場，經濟智慧的全方位應用

探索日常經濟學，實現生活與財富的平衡
提高理財效率，達到財富自由的終極目標

目錄

第 3 章　消費經濟學：把錢用在「刀口」上

第 4 章　婚戀中的經濟學：你的幸福幾斤幾兩

第 5 章　住房中的經濟學：怎麼舒服怎麼住

第 6 章　家庭中的經濟學：酸甜苦辣味俱全

第 7 章　工作中的經濟學：讓自己的價值物有所值

前言

　　隨著市場經濟的迅速發展，經濟現象已經無孔不入的滲透到人們的每項活動當中，可以說，人生處處皆經濟，生活時時皆經濟。

　　全書總共安排了九章內容，分別從 TV 經濟學、生活經濟學、消費經濟學、婚戀經濟學、住房經濟學、家庭經濟學、工作經濟學、社交經濟學、理財經濟學等九個不同的側面，全面、系統的講述了經濟學的基本理論知識，以及在現實社會生活中的廣泛應用。

　　本書完全沒有令人費解的圖表，也沒有晦澀難懂的術語，而主要是以經濟學的基本結構作為全文開展的骨架，以生活中的鮮活事例為軀體，不僅從經濟學的邊際效用遞減、供需規律等一些最基本的經濟原理出發，詳細介紹了經濟學與個人、家庭、企業、社會、乃至於世界緊密相連的經濟學常識，為人們在經濟學與現實生活中構建了一座方便的橋梁。

　　本書採用生活化的語言，將經濟學內在的深刻原理與奧妙之處娓娓道來，讓讀者能夠學會經濟學家的思考方式，引領自己更睿智的面對與解決生活中的所有難題。

第 1 章
TV 中的經濟學：
每天最關心的那些事

在各種媒體盛行的年代，尤其是電視媒體鋪天蓋地的報導中，讓廣大民眾不但了解到了一些重大的經濟形勢，而且還知道了什麼是通貨膨脹、節能減碳。明白了為什麼會出現錢不值錢、天價大蒜以及油價漲跌的現象。同時也緊跟時代的步伐，開始討論起一些可能自己也說不清、道不明的經濟原理。

01 貨幣升值： 到底是好事還是壞事

關於貨幣的升值問題，許多人認為是一件好事情，同時也有不少人認為並非一件好事情。當然，不同的人會有不同的看法。那麼，究竟升值是好還是壞呢？ 對於我們這些普通的民眾來說到底會有多大的影響？ 面對升值我們又該如何對待？

對於升值問題，大多數民眾都不太明白這其中的經濟道理。

在那些認為升值是件好事的民眾心中，他們總覺得： 錢值錢了，那麼民眾花錢出國旅遊、買原裝的進口汽車、買名牌的瑞士手錶就會更便宜了。如果真是這樣的話，那麼大企業在併購一些小企業的成本也會相對的降低等等。

升值其實也預示著人們手中的錢變得更值錢了。如果按照購買力平價理論的話，那麼每一單位貨幣在不同的國家，就應該買到同樣數量的商品。

可是為什麼美國要讓它國幣值升值呢？ 難道美國人想讓自己國家的錢貶值嗎？ 關於這點，我們完全可以從相對美元的升值中悟出其中的經濟道理。

如果說，一元的某國幣值能夠在買一顆蘋果的話，那麼在美國也同樣能買一顆蘋果； 如果一美元在美國能買八顆蘋果的話，在某國也可以買八顆蘋果。

可是，現在的某國幣值卻升值了，一美元只能兌換六元的幣值，在某國只能買到六顆蘋果，那麼在某國的六元幣值就可以兌換一美元，在美國卻可以買到八顆蘋果。所以對於那些有錢人來說，他們完全可以出國旅遊，這樣的話，升值的確好處多多，因為他們可以用同樣多的幣值換取更多美元，並且能夠在國際市場買到更多商品。

升值對富人的好處的確非常明顯，這樣的兌換空間，如果要出國去旅遊或者購置更多的產業，很顯然就是賺了，從這方面來看，確實是富人手裡的錢更值錢了。

對升值津津樂道的資深主管楊華，在這次美元兌換幣值匯率調整之後去美國旅遊，只是花了很少的錢卻享受了更多服務。楊華以前住旅館的費用差不多在一萬元左右，而這次卻花了八千元左右，而且還購買了許多的國外商品，看到諸多收穫的楊華不斷感嘆：「升值對像我這樣的人簡直帶來了太多的好處。」

但是對於做進出口業務的陳傑來說，升值卻使得他的日子變的異常艱難。陳傑有一家貿易公司，每年都會採購大量的商品向國外出貨；但正是因為升值的影響，陳傑的訂單不但減少了很多，而且美國的許多客戶都以美元結算，得到的幣值相對來說就變得更少，之後再用換取的幣值去採購貨物，而物價卻還不斷上漲，而作為美國的客戶，對於他們的價格始終沒有多

大的變化，如果想再次換回幣值，就會越發覺得利潤微薄。

　　所以說，幣值的升值對於傳統的出口企業根本沒有任何好處。因為同樣的商品如果要換取美元，再兌換回本國貨幣，相對來說美元就是貶值。相同的價格因為升值，收入憑空減少。除此之外，

　　還要注意的是： 升值不但影響了自己的收入，同時也影響到了商品的價格，這也是陳傑一直不明白的地方，不但自己換回的錢明顯減少，而且貨物的採購成本也大大的提高了。

　　貨幣一旦升值，就會有更多的人願意持有更多的貨幣，這在一般的民眾眼裡是看不到的。幣值無論是升或是降，對於普通的民眾來說，幾乎感覺不到有什麼影響； 但是對於那些持有大量資金的個人或者金融機構來說，他們都非常敏感，哪怕只是升值一個小數點。

　　也許就是這麼一個小數點，足以使他們的財富因此而增加或是減少很多。就像一個擁有八十億本國貨幣的人，原本他可以兌換到十億美元，但是因為本國貨幣升值，他卻能用六十多億兌換到十億美元，對他來說，幾乎等於白賺了十億。因為人們看到了升值趨勢高漲，就會出現更多的外幣機構開始大量儲備該貨幣。

　　所以說，貨幣的需求量越大，貨幣價值也會相應的越來越高。一旦更多的貨幣湧進市場，務必會造成通貨膨脹，隨之而

來的就是物價上漲，所以貨幣升值對於普通民眾來說，沒得到什麼好處，也沒帶來更大的壞處，或許對進出口商造成了些許的打擊。總而言之，貨幣升值有利也有弊，它是一把雙刃劍，需要謹慎、理性對待。

每天學點實用經濟學的筆記：

- 對普通的民眾而言，在升值的情況下，應該用多餘的錢購買不動產或是儲蓄，也許當前可能物價上漲存在一些不利的影響，但升值的大趨勢不會改變，所以應該多儲蓄，盡量使自己成為財富的擁有者。

- 升值本身就是一把雙刃劍，用得好，可以給民眾帶來真正的實惠； 而一旦運用不當，就會對國民財富造成很大的傷害。

02 錢為什麼突然不值錢了

「我想買個房子，結果房子漲價了； 想吃點豬肉，結果豬肉也漲價了； 想喝點牛奶，結果牛奶也漲價了； 於是，我想，至少可以吃點泡麵吧，結果，泡麵也漲價了。」

對這個笑話，大家可以說是深有體會，其實不光是泡麵漲價了，就是你想喝點飲料，到超市一看，也都跟著漲價了。

漲價、漲價！為什麼除了薪資，什麼都在漲？那為何物價在急劇飆漲？

其實一切通貨膨脹的原因，都是貨幣供應量太多引起貨幣貶值、物價持續而普遍上漲的一種貨幣現象。用民眾的話來說就是，銀行裡發出來的鈔票太多了，所以越來越不值錢了。

舉了簡單的例子，如果市面上有一斤米和一塊錢，那麼一斤米的價格就是一元； 如果市場上出現了兩斤米，那麼貨幣對應的就應該發行兩元，這樣每斤米的價格還是一元； 但如果這時市場上流通的錢是四元呢？ 問題就出來了，每斤米的價格變成了兩元。以前一元就可以買一斤米，現在兩元才可以買一斤米，人們一下子感到手中錢不值錢了。

由此可見，貨幣的發行量必須和市場中流通的物品相匹配，發行適量，結果就是物價平穩； 發行過多，就會造成通貨膨脹； 而發行的過少呢，則會造成通貨緊縮。

那是什麼原因導致了政府的貨幣發行量過多，市場上流通的貨幣過多呢？ 導致通貨膨脹的因素很多，也很複雜。總體上看，隨著社會的發展，發生通貨膨脹是必然的，只是通貨膨脹率不要過高就行。但其中最重要的三個因素，即巨額的外貿順差、過量發放的銀行信貸和國際熱錢的湧入。

第一個因素： 巨額的外貿順差。有人疑惑了，順差大有什麼不好的呢？ 順差說明國家賺錢多啊 —— 但其實認為順差大

必定是好事的觀念是不太對的。

　　每出口一件商品，比如一件襯衫賣了十美元，那麼該國外匯部門就得按一定的匯率發行相應的貨幣，那十美元跑哪了？進入了該國家的外匯存底了。透過上面的例子我們知道，市場上流通的貨幣是必須得和流通的實物相匹配，如果流通的貨幣過多，就會引發通貨膨脹。現在每出口一件商品，就會使得貨幣增發，自然而然就會使得市面上流通的貨幣過多。

　　那麼，既然出口為使貨幣增值，進而就很有可能引發通貨膨脹，為什麼還要允許出口？答案是出口不一定會引發通貨膨脹。因為可以用賺來的美元購買實物投放到市場，這樣貨幣就和實物又等同了。這樣也就不會有通貨膨脹了。那為何我們現在 CPI 有了這麼大的漲幅？看看外匯存底便知道了，假如現在某國的外匯存底已經高達一點六兆美元左右，也就是說這些錢並沒有變成相應的商品投放到市場中，但某國卻為此在該國發行了十兆以上的貨幣，因此就導致「流動性」過剩了。

　　第二個因素：信貸發放過量。信貸發放過量，會造成市場上流通的錢過多，錢多了，物價自然就高了，這個道理大家都明白。

　　大家看看我們身邊，許多人都在用信用卡消費，買房買車甚至買個 PS5、相機、電腦、手機都要分期付款。分期付款是什麼意思？其實就是透支未來，也就是說現在本來沒有這麼多

錢，但銀行會貸給你，讓你現在有錢消費。適當的透支可能有利於刺激經濟的發展，但過量就極為不好，嚴重的透支不但會加劇通貨膨脹，在以後可能還會造成通貨緊縮。為什麼會造成通貨緊縮？因為日後你的錢還要還銀行貸款呢！手裡沒錢了，還怎麼消費？

雖然通貨膨脹的原因多種多樣，但歸根到底是由貨幣供應量過多所造成的；反過來說，並不是貨幣供應量過多就一定會造成通貨膨脹。因為隨著生產的發展、商品價值的增加，客觀上需要貨幣量能夠保持同步成長。確切說，只有剔除這部分正常貨幣供應量之外的貨幣量增加，才會引發通貨膨脹。

通貨膨脹可能造成貨幣價格動盪。國際上通常把可以自由兌換成其他國家貨幣、能夠普遍被接受、匯率比較穩定、價格長期堅挺的貨幣稱為「強勢貨幣」，如德國馬克、瑞士法郎等；反之，把信用不好、幣值不穩定的貨幣稱為「弱勢貨幣」。

現在，你應該知道錢突然變得越來越不值錢的真相了吧？當然各國政府會積極採取措施來抵制通貨膨脹。

每天學點實用經濟學的筆記：

· 錢變得越來越不值錢，這是一種正常的經濟現象。不僅僅「現在」的錢是這樣，「過去」的錢也是如此，這種錢貶值的現象就是通貨膨脹。

· 所謂通貨膨脹，是指貨幣供應量太多引起貨幣貶值、物價持續而普遍上漲的一種貨幣現象。用民眾的話來說就是，銀行裡發出來的新鈔票太多了，所以越來越不值錢了。

· 造成錢不值錢的原因主要有三個因素，即巨額的外貿順差、過量發放的銀行信貸和國際熱錢的湧入。

· 雖然通貨膨脹的原因多種多樣，但歸根到底是由貨幣供應量過多所造成的；反之，也並不是貨幣供應量過多就一定會造成通貨膨脹。

03 讓低碳成為生活方式

從國際來看，自丹麥哥本哈根直到墨西哥坎昆，「低碳」已經成為各國政要時常掛在嘴邊的話題。從長久發展來看，低碳環保的生活方式也成為當下人們最為關心的問題之一。

那麼，什麼樣的生活方式才是所謂的低碳？其實低碳的意義並沒有人們想像中那樣複雜。低碳生活意味著低消耗、低能量、低開支，同時它也代表著更自然、更健康、更安全。

而在已開發國家，許多家庭都會認為：「高碳」的生活方式才是屬於真正的「高品質生活」，其實這是一種概念的誤解。要想還原一個真實的已開發國家「高碳」的生活真相，就必須從

點滴做起，以便加快構建資源節約、環境友好的生產方式以及消費模式。

如果單方面拋開那些國際會議以及各種各樣偉大的「規劃藍圖」，那麼作為現在熱捧的「低碳」生活，更應該成為每一個具體小家庭的討論話題。至少人們應該更常談及，出門最好少開排大量廢氣的汽車、購物不再使用塑膠袋、最好少使用一些耗電量過大的電器，少為寵物洗那些不必要的熱水澡。

也許會有人覺得，如果一直堅持這樣做，不但會降低人們已經提升起來的生活水準，而且還有可能大大降低辦事效率。例如： 人們原本打算透過購買排量大的汽車、或者性能各方面更好的汽車，以此來改善自己的出行條件； 希望透過購買較大的住房空間，以此來改善自己的居住環境； 希望享受到更為便捷的消費或是服務。可是，一旦按照目前提倡低碳生活的步驟繼續的話，似乎與提升生活品質之間存在著一定的差距和矛盾，究竟需要如何認識以及處理這兩者之間的關係？

生活中，我們需要將「節能減碳」作為提倡低碳的宣傳口號，最好能夠以零距離的方式向每個人宣傳「家居電氣化」、「廚房電氣化」等相關的節能綠色知識，告訴他們什麼樣的生活方式才是「低碳生活」，什麼樣的生活技巧才是低碳的綠色節能新技術。

讓低碳成為生活方式，這對於西方的中產家庭來說，似

乎意味著就要放棄一些看上去比較舒適的生活條件。但是，如果要與全球的「暖化」導致世界性的大災難來比，這些又算什麼？

所以，綠色節能、低碳減排，也將成為未來都市建設、營運的主旋律。都市是人類文明的主要載體。而目前存在的最大的問題，就是都市的爆發性擴張以及由此產生的交通阻塞問題，這已經成為現在困擾許多大中小都市的首要難題。

在運輸領域出現的交通壅塞問題，也是造成環境汙染以及能源過度消耗的關鍵環節。因此，都市交通必須按照綠色出行，可持續發展的道路繼續下去。

「低碳交通」作為都市交通發展的必然趨勢，同時也是優化都市交通結構； 限制小汽車的過度使用； 大力發展公共交通； 鼓勵智慧技術以及新能源的使用，這也已經成為都市交通發展的主要方向，而這些綠色出行主要依靠的是技術創新和管理創新共同推進。

由此可見，未來低碳經濟的趨勢已經不可阻擋。而今後我們更應該遵守低碳的「遊戲規則」，其實就是追求低碳、節能、環保的目標。因為我們正處在「智慧時代」的前期。隨著智慧發展的出現，就是要求我們節約更多電能。再就是目前的交通，雖然現在還很壅塞，但是今後完全可以透過技術調整，以此來疏導交通，以便讓效率進一步提高。

　　目前的一些中小都市都在極力追求達到都市的標準與規模。而諸如此類的遠景到底是符合了時代發展，還是符合了低碳發展的要求？

　　其實，低碳生活就在我們的身邊！只是需要我們每個人，每一天都能夠從生活的點滴做起，當我們在用烤箱烤麵包時，盡量提前幾分鐘切斷電源，用烤箱中的餘熱把麵包烤熟； 冰箱存放的食物量最好保持在百分之八十，以便節省更多的電量。一切都應該以健康、科學、環保、自然的生活理念為最高準則。

每天學點實用經濟學的筆記：

- 低碳已經成為了全世界的共同心聲，而歐美的高品質生活模式已經根深蒂固，如果想要輕易改變，已經困難重重。家庭生活中的能源消耗量還在不斷上升。低碳時代的到來，必須在推動社會節能環保的同時，也能自我創造出一番思維自由的空間。
- 低碳不但是時尚的代言，而且也已經成為了當今真正的環保時尚。這方面，政府一定要做帶動者。身體力行的低碳理念的示範效應以及積極的帶動影響，將會產生巨大的效果。

04 從此不怕「看病難，看病貴」

　　隨著人們生活水準的提高，現代人也越來越重視自己的健康，這說明健康的重要性已經逐漸凸顯出來，並被現在的人們所認同。

　　某著名作曲家曾對健康的重要性打了一個生動的比喻：健康是「一」，幸福、快樂、事業、權力、地位、金錢等，其他一些身外之物都是「一」後面的「零」，如果有了「一」，後面的「零」才有意義，事業成功了您擁有了「十」，家庭的幸福使您擁有了「一百」，還可以擁有更多，擁有「一千」或是「一萬」甚至更多，但是如果沒有「一」，後面的「零」則毫無意義。

　　一個人健康的時候，往往意識不到健康的重要性。比如有的人認為自己年輕體壯，平時幾乎不太注意有勞有逸，一旦工作起來也是不分晝夜。吃飯也是飢一頓飽一頓，沒有規律，而且也很少參與戶外運動，不知不覺抵抗力就下降了，身體也變得越來越差，青少年的年紀，卻是中老年的身體；此外，還有一些經濟上比較富裕的人，他們三天兩頭的泡在宴席上，雖然吃遍山珍海味，但是時間長了也會吃出疾病，影響健康。曾有一份對某地近百位企業家進行的營養調查報告，這些人的平均年齡都是不到五十歲的青壯年，不是患有高血脂、糖尿病、高血壓等，就是存在不同的心血管症狀。

　　所以，有些人「三個提前」，即提前衰老、提前疾病、提前死亡的現象越來越嚴重，更多的人開始意識到健康的重要性。健康的身體一方面靠自身良好的體質，另一方面則是正確的自我保健。而自我健康的調理投資占到百分之六十的比例，日常生活中的環境汙染、生活方式改變、飲食結構改變，才是威脅健康的「真正元凶」。

　　正所謂，我們照顧身體五十年，它也會照顧我們五十年；我們折磨它五十年，它也會折磨我們五十年。如果把健康當成一個戶頭，而我們總是透支，不做投資，那麼早晚有一天健康也會破產。而健康是可以經營的，老闆就是自己。擁有健康不代表擁有一切，但失去健康就會失去一切。

　　說起為健康投資，並不是指偶爾去運動一下，身體就健康；或者吃個什麼「補藥」就健康。很多醫學家和養生學家都說，應該在年輕的時候就開始關注健康，比如：要預防冠心病，就要從兒童的時候開始。如今到處都是「小胖」，而且都是吃出來的，小時候或者年輕的時候也許並沒什麼大礙，但是稍微上點年紀就可能出現動脈硬化、血脂異常、高血壓、冠心病等身體狀況。

　　因此要想投資健康，就要遵循養生之道，整體原則就是：平衡膳食、戒菸少酒、適度運動、心理調適。

　　這裡的平衡就是健康，而不平衡就是疾病，包括生理上和

心理上的疾病。因此，需要每一個人經營健康，管理健康，投資健康，進行自我保健，從維持自身的平衡做起。

　　生理上要平衡，心理上更要講求平衡。那麼，怎樣保持情緒穩定呢？一方面要用良好的情緒面對生活，另一方面要克服那些不良情緒的產生。

　　膳食也要講求平衡，烹飪時要注意葷素平衡，酸鹼平衡，魚肉蛋奶和蔬菜水果平衡，油膩與清淡要平衡。總之，一桌菜必須要講究配餐的平衡。

　　運動要適度，但是一定要堅持，最好能夠培養感興趣的運動，比如游泳、乒乓球、打羽毛球，有了興趣就更容易堅持下去，否則總會感到枯燥。總之能動盡量動，這是預防疾病最好的處方。

　　很多中年人忙著他們的事業，常常忽略了自己的健康。有的人應酬很多，高脂肪的飲食吃得很多，酒也喝得很多，抽菸也是一根接著一根，工作夜以繼日，不注意休息，導致身心疲憊；還有的人缺少運動，心理不平衡，這些都為今後的「不良生活方式病」寫下「伏筆」，形成「禍根」。中年人在事業上越有成就、家庭壓力越重時，就越應該做好自身健康的防護問題。

每天學點實用經濟學的筆記：

　　‧　目前健康投資的種類非常多，中醫保健、營養、運動、

音樂等，每一種都有獨到的內涵。不過，在日常生活中進行的健康投資，如健康體檢、運動、飲食養生等活動必須是一種持續性的行為，缺乏持續性的健康投資沒有意義。

· 健康投資狀況，是衡量一個國家社會經濟文化發展程度、衛生事業發展規模和水準的一個尺度。

05 天價大蒜也瘋狂

多年前，一部前所未有的現代喜劇《瘋狂的石頭》上演，立即取得了不錯的票房。劇情是由一塊在廁所裡發現的價值不菲的翡翠所引起，同時牽扯出了許多不同身分的人物，錯綜複雜的演繹了這塊「石頭」既離奇而又糾結的命運。最終因為發生在許多人之間一系列強弱勢力的較量以及真假石頭的交換，從而導致了兩股強大的「惡勢力」也被徹底黑色幽默了一回。

在如今這樣一個經濟迅速發展的時代，若說有哪一支股票的價格在短期內暴漲了幾倍、十幾倍、甚至是幾十倍的話，倒不會有那麼多的人感到驚訝；現在讓人們刮目相看的，卻是那些平時最不起眼的大蒜，竟然也開始暴漲！

所以無論什麼東西，價值連城的碧玉也好，一文不值的破石頭也罷，只要是被資本炒作家們看上，一旦出現風吹草動，

都足以讓他們找到漲價的藉口，比如： 產地因氣候影響導致了產量減少，而市場的需求不斷增加

　　也許正是因為店家抓住了大蒜在日常生活中的消費價值，所以就在某些特殊條件的設計下抓住了暗藏的賺錢機會，讓他們看到了巨大的獲利空間。

　　可以說，不斷追求高利潤的店家幾乎是無處不在。近年來，隨著大宗商品價格的不斷高漲，那些店家便開始尋找民眾的日常生活所需，從這些日常消費中尋找目標，各種物資的漲價之聲不絕於耳，在大蒜還沒開始漲價之前，各路資金就已經頻頻傾銷大蒜。而「炒蒜」之風的興起，在短時間內讓不少的囤蒜者大賺了一筆。他們從蒜農手裡以很少的價格批發過來，然後再以翻幾倍的價格賣出去。看到這種現象的許多店家於是來到大蒜的產地，一撥又一撥的囤積大蒜，從而導致了大蒜價格持續上漲。而對於那些單純依靠土地維生的農村人看來，在他們的生活裡只有吃得起和吃不起，從來都沒有吃多與吃少之分，當面對天價的大蒜時，他們也許只能「望而卻步」，甚至連自己生產出來的大蒜都很有可能與一日三餐遠離！

　　經濟的均衡發展是需要依靠價格機制的完善來進行，而產業之間卻始終以價格作為相關聯繫的紐帶，同時，價格作為產業發展的指揮棒也沒能得到相應的控制。

　　當基礎性產業的市場需求增加時，相關產品的價格也就會

跟著上漲，這樣的話，進入這個產業的資本也會隨之增多，發展速度也一定會變得更快； 那麼相關的製造業也必定會因為能源極其交通成本的上升出現盈利減少，投入製造業的固定資產投資成長速度就會跟著下降，這樣，製造業只有不斷降低能耗才能最大程度的減少成本。

那麼，當再次轉回到大蒜價格泡沫崩裂之後，最終的風險卻還是需要由蒜農出來承擔所有的價格風險。其實小小的大蒜，也是在考驗政府的整體控制能力，所以，千萬不要再讓投機漲價變成一種經濟控制中的常態。

每天學點實用經濟學的筆記：

- 經專業人士分析： 大蒜價格的猛漲最直接的原因是投機，再加之深層原因就是連續的蒜價低迷，產量的大幅度降低。正是因為這二者環環相扣的經濟原理存在，才導致了大蒜「瘋」潮。

- 經濟學原理告訴我們： 只要價格能及時而準確反映商品的稀缺程度，無須政府干預，市場也能實現均衡。

- 可持續發展可以被當成是整體控制的最終目標之一，那麼可以將改善價格形成的機制當做是整體控制的仲介目標。如果不能很好的改善價格形成機制，也就不能有效促進整體目標的實現。

06 油價漲跌誰主沉浮

　　二〇〇八年新年的鐘聲剛剛敲響不久，當國際石油市場迎來它全新的第一個交易日時，國際石油的價格竟然一舉突破了每桶一百美元，在之後的時間內依然快速攀升。等剛剛轉入盛夏七月的時候，石油價格竟然達到了每桶一百四十七點二七美元的歷史最高交易記錄。當時的石油高價就這樣保持了一段時間，隨後又迅速回落到了四十美元左右。國際石油價格出現如此迅速的漲幅以及回落，在世界石油歷史上也是非常罕見的。那麼，究竟是什麼原因導致了國際油價如此動盪？石油價格動盪到底給全球的經濟帶來了什麼？國際金融與國際石油之間到底有著一種怎樣的關係？這些問題非常值得我們深思。

　　隨著古斯塔夫颶風的到來，讓石油交易員焦躁不安。因為美國西德克薩斯中質油的價格也會有一定程度上的穩定上升。當颶風不斷逼近墨西哥灣的時候，俄羅斯在喬治亞的戰爭以及美元走強等因素綜合影響下，國際油價也在一定的時間內出現了反覆震盪後的小幅收低。專業人士分析，這種情況的出現完全是由於地緣政治的影響以及氣候因素，左右了石油的價格。

　　熱帶風暴古斯塔夫的襲來，基本上會席捲路易斯安那州。這樣的話，就可能直接導致這樣一個結果：石油的日產量大約在一百四十萬桶，而在古斯塔夫的影響下，煉油總產量可

能達到美國總產能的百分之十七。這樣的現象不禁讓人想起二〇〇五年時的卡崔娜颶風和麗塔颶風對當時美國的石油產業造成的巨大災難。

當時的美國氣象部門在颶風還沒有到來之前，就已經明確了「古斯塔夫」極有可能會轉成颶風，這股颶風將要襲擊的墨西哥灣地區原油產量占全美原油供給量的百分之二十五，而且當地還擁有全美百分之四十的煉油廠，二〇〇五年的時候，兩場超強颶風的襲擊不僅導致了美國一百零九座採油平台以及五座井架被毀，而且還使得美國原油日產量下降了一百六十萬桶之多。

而在當時，颶風逼近的消息引起了更多石油投資者過度的憂慮與擔憂。因為受此嚴重影響，紐約市場的油價也是大幅的回落，之後，又很快的得到了恢復，以每桶高於一百一十八美元的價格高居不下。不過隨著美元的走強，油價卻相應的出現了回落。而紐約的商品交易所交貨的輕質原油期貨價格也跟著下跌了，以低於每桶一百一十五點四六美元的價格成交。倫敦國際石油交易所交貨的北海布倫特原油期貨價格，也跌到了每桶一百一十四點零五美元。

目前，歐洲和北美地區石油消耗量的減少，是當前國際油價的主導因素。想要改變這種局面，就必須持續削減產量。而OPEC則可以嘗試這樣決定，不過這樣的做法，可能會在監督

部分成員國執行削減後的配額上遇到一些困難。如果按照這種
程序或者步驟無法做到的話，那麼也沒什麼大的影響，之後也
許一個惡劣的冬天也許能讓原油持有者精神煥發。

　　這些就是古斯塔夫颶風所產生的唯一、且也是非常嚴重的
影響。國際能源署與美國能源部也曾在會議中表示，在今後的
嚴峻形勢下，他們或許會動用石油儲備來平息石油市場上的尷
尬局面。如果國際石油的價格持續下跌，那麼，石油輸出國組
織（簡稱 OPEC）應該保持原有產量不變，而不是過度增加產
量，當然也不排除 OPEC 減產的可能性。因為一旦油價下跌的
太多，OPEC 最好的反應就是讓石油減產，這樣做的目的就是
為了把油價控制在在石油出口國所能夠接受的水準之上。而委
內瑞拉作為世界上第五大原油生產國和出口國，它一天的原油
產量遠遠超過了三百萬桶。

　　另外還有一點，就是油價的漲幅與跌落，很有可能對能源
公司的決策達到決定性的作用。如果提高天然氣和電的零售價
格，那麼其他的能源也必定出現新一輪的漲價行動。如果這些
能源能夠在天然氣與電的漲聲中不動聲色的話，那麼面對日益
走高的能源批發價格一定會將讓它們「走投無路」。

　　如果比較古斯塔夫和俄羅斯在喬治亞的戰爭對油價的影
響，就可以看出生活中那些天災人禍，比如自然界存在的惡劣
天氣、人為因素例如集體罷工、或者社會環境中發生的戰爭等

等，常常會讓那些關注油價的人發一筆橫財，或許是因為喬治亞是裏海能源的重要中轉國，但是，喬治亞的輸油管道可能被炸的威脅絲毫沒有帶來任何影響： 從雙方敵對狀態開始到最終簽訂停火協議，油價實際上還略有回落。

根據英國政府的統計，目前英國已經有近三百萬個家庭被納入到了「燃料貧困戶」的行列。而英國能源業的監管機構卻始終認為，這一數字不是很確切，這個數字應該在四百萬以上。因為在英國，如果一個小小的家庭能夠花掉總收入的百分之十用來購買家庭使用支付燃料的話，就足以被列入「燃料貧困戶」的名單之下。

從石油遭受影響產量的程度來看，規模上存在絕對的問題，也就是說古斯塔夫絕對勝過喬治亞。而全球能源研究中心給出的資料顯示，每天最起碼會有一百二十萬桶原油透過管道或者火車送到喬治亞。不過，其中相當一部分還是透過其他的管道運輸，而這條管道在戰爭爆發之前就已經故障，而國際原油價格也已經消化了其中所有因素。而熱帶風暴古斯塔夫對國際石油日產量的影響已經遠遠的大於這個數字，而且在一定的程度上毀壞了煉油廠。

總之，油價的漲跌不單單是被某一種因素所左右，而是在國際大環境下進行各種能源整合的產物以及經濟發展中必須的能源物質來決定。在大的原油市場方面，更準確說其實油價的

漲跌，完全取決於國際市場的整體控制以及相關能源的影響與帶動。

每天學點實用經濟學的筆記：

· 北美與歐洲的石油消耗量的減少已經成為油價波動的主因。要改變這種局面，專業人士指出，OPEC 以及其他石油生產國必須嚴肅認真發布持續削減產量的舉措。

· 石油作為重要的金融衍生工具之一，油價在某種程度上已經脫離了作為商品的供需關係，自身已經明顯呈現出自己的價格規律。二十一世紀的全球金融市場已經呈現出流動性氾濫的現象，這也就為當代金融危機的爆發埋下了伏筆。

07 不完美的限行抽籤

有的國家實施限行抽籤政策之後，不僅沒能使道路壅塞狀況出現本質性的變化，反而還不斷上演了許多奇怪的現象，比如很多家庭上陣抽籤，還有的就是抽上籤不買車，而想買車的卻又抽不到，從而又導致了備用車價格奇貨可居、花錢買車牌等各式各樣的狀況。

若是想要透過「抽籤」這項政策限制消費者買車的話，這

也許會成為防止塞車的一個方法，因為限行抽籤本身就是為了防止增加更多新車主。那麼後面緊接著發布的「限制汽車上路」的相關措施，就已經成了控制增加車輛的良好處方。

現在越來越多的人追求的是快速、便捷、品質的生活方式，相應的也就會有越來越多的人想要創造更好的條件，比如買車。正是因為越來越多的人都擁有轎車，所以這不僅給暢通的道路帶來了巨大的壓力，而且也對環境造成了嚴重汙染。針對這一現象，有的政府發布了相關的政策，對於一些壅塞路段，在高峰期的時候採取機車單雙號行駛措施。

當然這一措施得到了許多人的懷疑，似乎這項措施的執行基本上好像剝奪了公民的「出行自由」。因為一直以來政府都享受著汽車產業所帶來的豐厚稅收，可是消費者在買到車之後，卻因為不完美的限行抽籤政策帶來了更多不方便。許多消費者在買車的時候沒有被告知：「買了車以後不能開。」當然這也不是絕對的禁止開車，只是掛牌的過程非常艱辛，這樣的效應也許會讓更多的人在買車的時候望而卻步，而不會衝動消費。

相關政府在治理交通壅塞的過程中，制定了一系列措施，其中的一項主要圍繞在「公務車零成長」、「收取停車費與壅塞費」以及「限車限行」等話題。當然也有更多的民眾加入討論。這種罕見的關注度，主要顯示出了全社會對於交通治理所存在的焦慮、困惑還有對未來井然有序的交通狀況的深切期待。

第 1 章　TV 中的經濟學：每天最關心的那些事

為了整治交通壅塞現象，也紛紛傳出了限購的消息，許多的二手車店家開始四處尋找汽車出售者，其目的就是為了能夠囤積到更多的車牌。

一位二手車經銷商曾透露：「一般到了年底的時候，我會收購許多舊摩托車，有多少他能收多少，圖的就是那些二手車的掛牌。」現在他已經收購了三十多輛舊車，也就意味著已經擁有了三十多個車牌了。像這樣的二手車收購商，他們在收購的時候不會給太高的價格，與賣家協商之後如果價格在十五萬元左右他都要，一旦超過這個價位，他就會選擇放棄。他們有著發財夢，相信如果國家這樣透過抽籤掛牌，遲早都能靠賣牌發大財，這就跟賭博差不多。

對於這種現象，相關專業人士指出： 這基本上與防止塞車的關係不大，它本身產生的就是一種投資預期，所以政府部門也一定要有所防範才對。如果你認為一種東西在一定的時間內會漲價，那麼無論你需要不需要這個東西，大家可能都會有同樣的想法，也許是跟風，是一種趨同。相關部門最好考慮到這種不理性行為的最初原因，以及這種漲價預期，或者說是收益預期產生的根源。

除此之外，各地還應該限制一些外來車輛。限行抽籤雖然遏制了當地車輛的大幅度增加，但是對於外來車輛的進出不進行合理管理的話，依舊還是會塞車。

如果消費者既堅持買車，又堅持上路，抽籤限行的政策也依舊的話，那相關部門該怎麼辦？政府又該怎麼處理？也許不斷增加汽車的上路成本，可以作為限行防止塞車的最後一道甜點。如果之前的那些措施都無法控制你買車的欲望，而且還必須要開著屬於自己的轎車上路的話，就讓你盡可能多的付出過高的成本，比如：車速慢，請你交塞車費；想停車，請你交出更多的停車費。

有傳言說，很有可能在未來的某一天會增加一項額外的費用，那就是人們想都想不到的壅塞費。難道塞車給自己帶來那麼多的不便，還要收費嗎？這讓許多人都非常不解。隨之而來的一系列問題接踵而至。例如：車速太慢了，還要繳費？就算是按照程序繳費，那麼每次繳多少，又繳給誰？如果繳了這所謂的費用之後，難道就不塞了嗎？還是塞車的程度會減緩？繳了這些錢之後究竟能達到多大的作用？之後這些錢又將用在什麼地方？許多車主都會有種種疑慮。

也有民眾表示：長期下去的話，自己可能無法承受高額停車費。更何況停車費的上漲也是治標不治本，而且依然會有很多人不會在乎這麼一點點錢。可是對於普通的民眾來說，本來買輛車只是想為自己的生活創造一些便捷的條件，可是誰又能料到，居然會遇到更多問題，先是限行抽籤，再是停車費的漲價，後面竟然還有什麼所謂的壅塞費等等，想方便反而更麻煩。

　　總之，再完美的決策計畫，都存在一定的弊端，不可能有十全十美的政策，所以不管國家在其他方面給予的支持有多強力，總歸還是會存在一些說辭。

每天學點實用經濟學的筆記：

- · 汽車工業招來的喝采聲中，也為社會環境帶來了一個難題。一邊是汽車消費市場的財政收入，一邊又是日益壅塞的都市交通，為了更完美的處理矛盾，還需要相關政府尋找兩全其美的解決辦法。
- · 限行抽籤政策有必要再作調整，據調查顯示，這項政策存在一定的弊端，被採訪的民眾中，百分之二十三認為有必要執行此政策； 但其中多達百分之六十一的人認為只要微調即可，還有百分之十六的人認為這一政策應該取消。

08 街頭巷尾討論的 CPI

　　目前人們熱議的話題無非就是物價上漲了，而大眾的日常必需品，比如像柴、米、油、鹽、醬、醋、茶以及其他食品類的價格，上漲特別迅速，使得普通家庭的日常開銷壓力倍增，也就開始出現了通貨膨脹的傳言。

在華人國家的 CPI（物價指數）平均權重顯示中，食品幾乎占了百分之三十四，而豬肉竟然占了其中的百分之九。CPI 統計中包括了八大類商品，但是對於各類商品的權重指標沒有明確顯示，只是按照所占比例，由小到大羅列了一組數字，其中菸酒及其他相關用品占百分之四、家庭設備及維修服務占百分之六、衣著占百分之九、醫療保健個人用品及交通通訊各占百分之十、居住占百分之十三、娛樂教育文化用品及其服務占百分之十四、食品所占的比例權重被公認為最高，其中達到了百分之三十四。

按照這一資料顯示，在當前的統計指標中，食品是所有八大類商品中所占比例最大的分類項，而其中的豬肉又在食品分類中所占比例最大，約占 CPI 整體百分之九的權重，這也可以被看作是豬肉價格對 CPI 影響過大的直接原因，被開玩笑稱作「一隻豬引發的通膨」。

寬鬆的價格管制延緩了通膨壓力，也就使 CPI 無法更加全面地反映通膨。為了快速緩解通膨帶來的經濟壓力，相關政府依舊採用了價格管制的方式抑制物價上漲，而主要管制的對象既包括電力、煤炭、化肥、成品油等上游產品，也包括糧食、牛奶、食用油等一些日常食品，因為基礎性商品的價格波動在反映市場供需格局以實際通膨壓力的時候，表現不會特別明顯。

鑒於經濟成長的速度相對比較溫和，經濟成長的趨勢也還

算強勁，所以經濟通膨還處於高位，這時各國央行就會準備利用加息的策略對市場進行控制，主要進行符合市場預期的資金整合，以此來應對可能持續走高的通膨壓力。

對於小康階層的消費群體來說，他們會想要為自己購置房地產，而根據目前房價快速飆升所帶來的貨幣貶值效應，遠遠高於普通消費品所構成的 CPI 上漲對生活的影響。而恰恰在這個時候，貨幣購買力貶值速度幾乎與房價的漲幅處於同一起跑線，房價的持續走高，意味著購買者將會帶動更多消費者加入買房者的行列，如果人們將更多的收入用在支付房款，那麼相應的其他方面的消費就會被房地產消費所擠壓，從而保證現有的 CPI 能夠在一定的範圍下保持穩定水準。

因為民眾口中所討論的 CPI 主要是用來衡量居民生活費用變化的一個指標，所以很難反映整個社會經濟總體通膨程度。而該國長期以來經濟結構主要傾向於「重投資，重出口，輕消費」，即使是較高的經濟成長速度也要依靠投資與出口的經濟拉動。而民眾的消費部分卻始終沒能成為引導經濟成長的主要力量。

經濟全球化的今天，隨著生產技術的日益提高，人們的日常消費品的供需關係也不再那麼緊張，所以不太可能出現大規模漲價。

近幾年的資本大多數是從製造業流出，之後又進入到房地

產業，這也是產生資產泡沫的主要原因。而政府的財政收入中幾乎有多一半的資金與房地產有關，這也正是抑制房地產泡沫困難的一個重要原因。在新一輪的房地產泡沫中，許多的購屋者心中都有著自己的想法： 也許政府不會輕易調整房價，實則就是希望房價下跌； 或者政府比較喜歡器重地產建商； 還有一種可能就是現在的錢越來越不值錢了。不管人們怎樣判斷，其最後所導致的結果都是通膨預期，而且最終價格上漲的趨勢似乎也向人們證實了這種預期。

因為房價離譜的上漲程度，想要購置房地產的普通民眾至少需要支付多於半年、甚至是一年還要超出百分之二十再多一些的資金，這樣下去的話，幾乎全社會的貨幣購買力都會明顯下降，如果這個時候仍舊堅持以 CPI 來衡量通膨指標的話，也許會失去公平的標準。但是高額的房價與消費之間的惡性互動，只能將其轉嫁到一般的消費領域。

二〇〇九年的時候，房地產相當的火熱，而當時的房地產行情也大大的帶動了家居建材市場的溫度。因為二〇〇八年房地產的低迷，使得冷卻了的境況一下子升溫。儘管家居建材的價格不會因此出現大幅度的上漲，但至少不會下跌。甚至在當時，就連一向比較冷清的家電產業也成了房地產的受益者之一。房價上漲的同時，也引起了租房一族們的恐慌，因為租金也跟著房價的上漲而不斷上漲。當然，租金也是納入 CPI 統

計裡的資料之一，雖然所占的比重不大，但是達到的作用卻也不小。

　　近十年，CPI 的穩定回升，其實與當時的高房價存在極大的關係。若是以目前的 CPI 編制方式，不僅沒有任何通膨預期風向標的作用，而且還可能有著決定未來經濟命脈的關鍵一筆，因為就在 CPI 開始暴漲的時候，通膨就已經無法避免了。

每天學點實用經濟學的筆記：

- CPI 編制已經與現實嚴重脫節，所以 CPI 所體現出的通膨一直都保持在「低位」的水準。與此同時，CPI 現有的「特色」編制也使得其他人依然可以透過經濟發展的「低通膨高成長」實現自己的經濟價值。
- 一直高居不下的房價已經讓真實物價遠遠高於了 CPI 給出的水準，從這個角度上看，出現高房價的國家已經處在高通膨的狀態之下，尤其是在一些中心都市，表現尤為突出，而大量進入地產的「熱錢」於是也就成了通膨的強大推手。

08 街頭巷尾討論的 CPI

第 2 章
生活中的經濟學：
懂點法則不吃虧

　　當人們逐漸在新時代的前沿行走，也開始懂了什麼是成本效益、機會成本，明白了什麼情況下會出現邊際效用、槓桿化率等等一系列的專業經濟理論。也許專業術語對於我們來說有些生疏，但是這些重要的經濟原理確確實實存在於生活中的每個角落。

01 「吃」與「不吃」間的思量

　　相信沒有人不知道美國曾經爆發的次級房貸風暴，而次級房貸風暴所產生的深層原因就在於，推崇一種「過度消費」、「寅吃卯糧」的生活理念，而恰恰是這種消費理念透支了經濟發展的巨大潛力，如此的前車之鑒讓人警醒。

　　過度消費對於許多美國人來說是件極其平常的事情，不管是在住房方面還是在買車上面，無論是刷卡透支還是支付高額電話帳單，過度消費就是無處不在。而美國這樣的消費文化可能源於：美國許多金融機構對於過度消費以及高債消費模式有一定的支持，從而使得更多的低收入人群也能夠貸款，滿足自己最大的生活需求。

　　中國有一位先生請朋友吃了一頓飯，竟然花掉了一百多萬人民幣。這個事情一經報導之後，立刻引起了廣大民眾的熱議，各種各樣的聲音都有，有羨慕、有唾棄、有驚嘆也有謾罵，這樣的一頓飯到底該不該吃，吃一頓飯就要花這麼多錢。他表情激動的說：「這樣做是刺激消費，因為只有消費才能讓經濟成長。」之後又是一片譁然，民眾更是對於此人的行為大為不滿，說是他本身已經遺失了勤儉節約的傳統美德。

　　目前最大的問題就是，這位不惜花鉅資請客吃飯的先生，他的行為到底侵害了誰的利益？而與這件事情密切相關的人

員，不但有這位請客吃飯的先生，還有被請吃飯的朋友、**餐廳**的老闆及為其始終服務的員工，還有政府官員和這桌高價飯菜的原料供應商。

從這次請客吃飯的全部過程來看，首先這位花錢請客吃飯的人，他並不會認為自己吃虧，能拿得出這麼多的錢來請客吃飯，也許是因為他的錢多的花不完，他用自己所擁有的財富與他人分享，可能希望獲得他人的尊重，所以他並不覺有什麼不妥之處。而其中那些被請的朋友，他們當然是高興的，因為他們品嘗到的也許是自己平生以來最高檔的美味。

那麼其中涉及到的人物，最興奮的就是這家餐廳的老闆，一頓飯下來就能賺到幾十萬。而老闆的收益對於店裡的所有員工來說無非也能跟著沾點光，他們的福利待遇也許能跟著好很多。同時，政府可能也相當滿意，一頓飯百萬，那麼發票繳稅肯定少不了，稅收增加了，財政基礎相對來說也就變得更加堅厚。

對於那些材料供應商們，也許更應該感謝這位財大氣粗的顧客，百萬的一頓飯少不了魚翅、燕窩。同時連帶的還有那些名酒、飲料供應商們，也能夠在這頓飯中盡量的將自己的高級產品藉機推銷。

從這一系列的分析可以看出：花鉅資請客吃飯這件事情，實際上並沒有傷害到任何人，反而無形之中增加了許多與此事

相關人的收益，那麼這頓飯到底是「吃」還是「不吃」得好呢？

許多人之所以會譴責這位先生，是因為他的行為似乎已經背離了節儉的美德，百萬的一頓飯，不是不應該又是什麼？

曼德維爾（Bernard Mandeville），著名的荷蘭哲學家，曾在《蜜蜂的寓言》（*The Fable of the Bees*）一書中講過一則非常有趣的故事： 原本有一窩蜜蜂，繁榮而興旺，巢裡的每隻蜜蜂每天都過著大吃大喝的幸福生活。後來一位哲人看見了，教導牠們說：『不能像這樣揮霍浪費了，你們應該盡可能提倡節約。』蜜蜂們聽了哲人的話之後，也覺得有些道理，於是個個貫徹執行，幾乎每隻小蜜蜂都踴躍爭當節儉模範。可是，後來的結果卻出乎所有人的意料： 那窩蜜蜂從此迅速衰敗，變得一蹶不振。

或許這個故事暗示我們，這是一個國家的消費問題。如果整個國家的人都把辛苦賺來的錢存在銀行，而不是拿出來刺激消費或者合理投資的話，這就成了一筆筆死錢，不會創造更多社會財富，要是一直這樣下去，或許就會逐漸走向衰敗。

大家如果一起節約，齊心協力不消費、不投資，只儲蓄，產品也就不會有人買，商品賣不出去，企業勢必要倒閉，工人也就失業，就會沒錢消費，國家終將走向衰敗。

由此可見，儲蓄的增加只是個人財富的單純累積，對於整個國民經濟的發展來說卻未必是好事。所以，當一些財富或是

資源沒有得到充分利用，或者經濟也還沒有達到潛在產出的情況下，需要社會中每個成員盡可能多消費，使社會經濟走出低谷，邁向更加繁榮的階段。

每天學點實用經濟學的筆記：

· 美國許多低收入者，即使自己無法承擔高額的消費，也可以透過次級貸款購買所需商品。所謂的次級貸款，其實就是指在美國，一些金融機構同樣會將錢貸給那些信用分數較低、沒有收入證明甚至還有沉重負債的消費人群，或許就是存在這樣的資金支撐，才導致了美國的次級房貸風暴越越演越烈。

· 站在經濟學的角度，節儉實際上就是增加儲蓄，以便於更大程度的減少消費與投資。

· 刺激消費有必要，也應從增加消費量上來考慮，想真正拉動經濟，提高國家綜合國力。但每個人都必須從自己的經濟條件出發，而不是盲目消費，甚至是浪費！

02 穿的是名牌還是實惠

許多愛趕流行的人對生活品質要求很高，無論什麼商品，尤其是衣服，最看重的就是品牌。名牌與非名牌在品質與實用

性上，並沒有很大的差別，只是在購買者的心理上存在著很大的不同。

　　人類大多數的經濟行為都是理性的，只是在習慣了某些心理趨勢之後，就會被一些外在的東西所迷惑，同時會情不自禁的採取非理性的行為進行交易。名牌還是實惠也許在他們的頭腦中已經不再那麼重要，價格的標籤也許更能說明一些問題，這樣的心理也許恰恰暴露了他們所掩飾的一些東西。

　　隨著人們生活水準的日益提高，追求品牌成為許多人生活的主要內容，車子、服飾、鞋帽、以及一些保養品等等，從它們的銷量都能看出人們對於名牌的熱愛。

　　某外商公司的兩位員工程華與李文靜一起出差。辦完公事之後，返回公司之前，二人一起去了當地有名的商業街。程華大手筆的消費，讓一向比較節儉的李文靜大為驚嘆。李文靜自己購物的話，都會選擇一些中低等價位、且比較實用的東西。一般幫自己或者家人選擇衣服都會落價於幾百元之內，很少會有上千甚至上萬的衣服；就連購買化妝品，也只是挑一些自己能夠負擔的開架品牌，她覺得這些既實惠而且品質也不會很差。可是眼前的這位與自己收入幾乎相當的程華，卻眼都不眨一下的搜刮名牌，不禁讓李文靜自慚形穢，覺得自己簡直太寒酸了。

　　程華出手相當闊綽，也很對得起自己，最差的化妝品也要

第 2 章　生活中的經濟學：懂點法則不吃虧

三四千，而一件襯衫就要花四千多，兩三萬元的皮包買起來都不猶豫。嘴裡還不停念著當地的百貨要比自家那邊百貨價格便宜好多，同時還鼓舞李文靜和她一起血拼；　可是在李文靜的眼裡，即使是打折之後的商品，也遠遠超過了自己的消費水準。

可是在程華的一再鼓動之下，李文靜也終究沒能抵抗得住名牌的誘惑，竟然花掉了自己將近半個月的收入。可是剛一交完錢，李文靜就有些後悔了，因為她剛結婚不久，現在每個月還要與丈夫一起償還一筆不小的房貸。而自己就因為衝動，不惜花掉半個月的薪水買了一個並不是很實用的手提包。轉念再想想下個月還要償還信用卡的情景，李文靜的心裡開始有些擔憂。

從李文靜與程華的消費中，我們明白了人們的消費行為不僅僅受限於自身的收入水準，同時也會被他人的示範效應所影響。在美國的加利福尼亞，有兩家知名的海鮮餐館。一位先生帶太太去吃飯的時候發現：　太太總會做出一個非常奇怪的選擇，就是在兩家餐館中，她總會選擇座位已經被占滿的那家；但在伯克爾的眼裡，他覺得這兩家餐館無論是從食物的品質還是服務來說，幾乎沒有多大的差距。而最大的不同就是當時就餐人數的差異，其中一家人多，而另一家人則少得可憐。

可是為什麼會發生這樣的狀況？　細心的他透過觀察得出：理性的人總是支持他們自己的生活方式。一個人是否理性完全

取決於他們的生活方式。也就是說,一個不太理性的消費者對於某些商品的需求,完全來自於其他消費者對這些商品的需求,也就是消費的示範效應。

當代社會的偶像文化,讓廣大消費者會對明星所代言的商品倍感親切,同時也會更加青睞這些商品,如香皂、洗髮精、沐浴乳、各式各樣的服裝以及鞋帽之類。從生活經濟的角度出發,他們認為購買這些名牌商品,也許就能更進一步接近自己的偶像,而最能表明自己接近偶像的方式就體現在服裝。

對於那些經濟生活相對比較好的人來說,許多人認為進口的商品總要比本國商品品質好很多,那麼追求名牌也就成了一種必然現象。尤其是對於那些思想保守的人來說,追求名牌或者喜歡進口名牌服飾,就相當於走在時尚尖端。

與普通品牌相比,名牌服裝的款式與品質相對來說要更新潮、更耐穿,也更有長期的保證,而名牌的價格相對更高,但都有清楚標價,很少會有欺瞞或者漫天要價的狀況。

人們的生活品質越來越好,攀比心理也越來越嚴重,對於那些過度追求名牌的人來說,外在的名牌服裝也許就像身分的象徵一樣,代表的就是自身的財產密度,名牌服裝的襯托是必不可少的元素,因為他並不需要大量的資金,就可以輕鬆解決面子問題。如果以這樣的心態社交,那麼名牌效應在生活經濟中所占的比重只會越來越大。

每天學點實用經濟學的筆記：

- 經濟學中的示範效應，被經濟學家用於研究人類經濟行為，尤其是人類的消費行為。示範效應往往是雙向的，這也就是所謂好榜樣與壞榜樣的影響。從動態效果看，示範效應最終會使少數人成為主流。
- 對於一些過度追求另類與個性的人來說，外國名牌更受到歡迎，並且在諸多市場領域也占據了相當大的比例。

03 天價理髮是不是欺詐

　　相信每個人都應該在理髮店修剪過頭髮，只不過針對普通的一個頭髮修剪，就要收取高達四萬多元的價格，這也未免太讓人感到驚訝。也許誰也不會想到兩個學生剪完頭髮之後，竟被索要如此高額的理髮費。

　　如此高額的理髮費用，怎麼也讓人難以置信，難道是因為這家店的理髮大師技藝超群？還是因為這家店打破了金氏世界紀錄，創下了驚人的業績？的確是，它已經創造了一項讓所有人瞠目結舌的記錄：兩個學生理髮，收費四萬多，平均每人兩萬多元。就這樣，出名了。而這昂貴的「天價理髮」事件很快引起了強烈反響。

　　用經濟學原理分析的話，價格一般就是在商品與貨幣的交

換體現價值的，簡單的說，價格就是價值的貨幣表現，而價格也是所有商品的交換價值在流透過程中所獲得的形式。

從價值與價格的本質上看，價格永遠都是圍繞價值上下波動。但一般情況下，商品價格的形成不但是由商品自身的價值決定，同時也是由貨幣本身的價值來決定，所商品價格的波動，並不一定真實反映商品價值的變化，比如： 即使在當商品的價值保持不變時，只要貨幣的價值發生波動，勢必也會引起商品價格的變化； 相同的道理，商品價值的變動也並不一定就會引起商品價格的變動，如果商品價值和貨幣的價值按照相同的方向發生變化時，商品價值的波動也同樣不會引起商品價格的變化。所以，即使商品的價格是用來表現相應的價值，也依舊存在著商品價格與價值不一致的現象。

經濟學原理中，價值永遠都是價格的基礎，而商品的供給量也是影響價格形成與變化的直接因素。因為價格不但是市場的「晴雨表」，而且還能夠時刻反映供給與需求之間的相互作用。商品的供給與市場的需求是市場經濟運行的主導力量，它們不僅決定了各種物品的產量，同時還關係著商品出售的價格。除此之外，價格的變化還與市場環境的變化存在著密切的關係。

若是還不太清楚價格變化究竟與外在環境存在怎樣密切的關係，還想知道其他外在因素或者相關政策對市場價格的影

響，首先必須考慮這些外在因素是如何影響供給和需求。比如：
在二〇〇三年春，當「SARS」襲擊東亞的時候，各地的醋、
酒精以及醫用口罩的價格迅速飆升，而其他日用品價格也跟著
一漲再漲，不僅如此，還出現了搶購的現象。因為突如其來的
「SARS」帶給了民眾恐慌，其中有相當一部分屬於盲目消費。

　　在歐洲幾乎每年的夏天，當新英格蘭地區的天氣開始變暖
時，加勒比一帶的許多飯店價格就會出現直線下降的態勢；　而
當中東爆發戰爭時，美國的汽油價格就會急速上升，這時二手
的凱迪拉克轎車價格往往會一降再降。以上所有價格波動的現
象其實大都反映出供給和需求對市場的一種控制作用，而這一
切也基本都是透過價格來反映。

每天學點實用經濟學的筆記：

- 價格指數：　表示在給定的時段裡，商品的平均價格如何
  變化的一種指數。在計算平均數時，不同商品的價格一
  般要根據其經濟重要性進行加權處理。
- 在簡單商品經濟條件下，商品價格隨市場供需關係的變
  動，直接圍繞它的價值上下波動；　在資本主義商品經濟
  條件下，由於部門之間的競爭和利潤的平均化，商品價
  值轉化為生產價格，商品價格隨市場供需關係的變動，
  圍繞生產價格上下波動。

04 天價黃金門號背後的玄機

日常生活中，我們也許會聽到甚至也可能見過這樣的一種現象： 某組手機號碼或者是汽車牌照居然賣出天價。為什麼同樣都是由幾個阿拉伯數字組成的一個數列，卻完全有著不同的身價呢？ 因為它是世間唯一、絕不會出現第二組這樣的數字，其中體現的正是資源的稀缺性。

俗話說：「物以稀為貴。」也許這樣的商品到了市場，對於那些好奇心極強的消費者來說都想擁有，這樣的話，原本普通的東西也會賣出高價。文學家魯迅曾經說過：「北方的白菜太不值錢了，但南方的白菜拉到北方，就不叫白菜了，叫膠菜，而且價格也要高很多。」知曉了這個道理的文學家，便在此時很有預見性的創造了這個詞語：「物以稀為貴。」

春秋時期有三員猛將，分別是公孫接、田開疆還有古冶子，他們為齊景公立下過無數的汗馬功勞。而這三人因為戰功赫赫，逐漸開始自傲自大，漸漸連齊景公也不放在眼裡。這時的上大夫晏子便建議齊景公藉機除掉這狂妄的三人，以免留下禍患。齊景公聽完也覺得有道理，但是這三人勇猛無比，想要這樣除掉他們沒那麼簡單。

這時晏子悄悄的對齊景公說，我們應該運用智慧巧妙解決。他建議齊景公賜給他們三人兩顆桃子，然後讓他們自己分

桃，但是這兩顆桃子只賞給其中最有功勞的兩個人。待他們拿到桃子之後，他們開始相互述說自己對國家的巨大功勞，其中兩人因為所述的功勞大於第三人便成功拿到了桃子，而最後一個因為功小於其他二人而羞愧自殺。這時得到桃子的兩個同伴見昔日的兄弟因自己而死，也羞愧的雙雙自殺 —— 這就是有名的二桃殺三士的典故。

當時的上大夫晏子，利用的就是經濟學上的稀缺性原理。兩個桃子被三個人分，不管怎樣都無法公平，三個勇士自殺的真正的原因並不在兩個桃子，而是桃子的稀缺性。

「稀缺」的內在其實蘊藏著兩種不同的意涵： 其一是稀有的，其二則是緊缺的。而在經濟學領域，稀缺常常被用來描述資源的有限可獲得性，是針對人們無窮的欲望而言。因為人的欲望是無休無止的，但是資源在一定的程度內是相對有限的，而相對於欲望的無限性，資源的有限性一定就能引起相互之間的競爭。

競爭的本身就是爭奪對稀缺資源的控制，而競爭也是社會分配資源的一種最佳方式，也就是決定誰能得到多少稀缺資源的方式之一。而所謂的合作本身就是與其他人共同利用稀缺資源、共同工作，以達到最終的共同目標。而人與人之間透過合作的形式也是為了利用有限的資源生產出更多的產品，合作就是為了解決資源稀缺性的一種途徑。

　　資源的稀缺本身就是人類社會談論的永恆話題，而在經濟學領域，本身就產生於稀缺性的存在，因為資源的稀缺，才需要經濟學不斷研究應該如何有效而又合理分配資源，從而使人類的各種資源達到最大化利用。一件物品可能成為商品出售，首先因為它是一種稀缺的資源，而不是因為人們過度的需求，就像自然界給予我們的陽光與空氣，每個人都需要，但是因為又太多了，所以才不會成為商品。而由於淡水資源越來越少，所以淡水的價格也由原來的免費供應，直到現在的漲價供應。也許正是因為稀缺，才導致了各個領域的重新選擇，從而不斷促進了社會的繁榮發展。

　　試想一下，如果所有的資源都是飽和的，那麼世界也許會完全變一個樣子。自然界的所有物質都很富足，對於每一種生物來說，就不存在優勝劣汰。而人類也就不需要勞作，不會考慮買房子，更不用考慮自己的食衣住行，不需要創造，就會擁有一切。這樣的世界如同一灘死水，終究是要被毀滅的。

　　由此可知，用經濟領域中的稀缺性原理，不但可以解釋生活中的許多難以相信的現象，而且還能讓人們在面對許多事情的時候正確處理問題。需求是拉動經濟成長的主要因素，而事物的不足才會導致更多人踴躍競爭，有了競爭，才會出現更多的積極者不斷創造，就能更快的推動社會的進步。

每天學點實用經濟學的筆記：

- 經濟學中所謂的稀缺性，其實就是指相對的稀缺性。它強調的並非資源的絕對多少，而是相對於人無可滿足的欲望的無限性來說，即使有再多的物品和資源都可能不足。

- 從人們的需求出發，它總是顯得有些不足，物質產品或者無形服務都一樣，所以，在生活與工作中，還需要不斷合理利用稀缺資源，不要浪費，並且還應該積極探尋更多的有利資源。

05 火車票價誰說了算

近年來，春節返鄉已經成為許多遊子心中的痛。只要一提起春節，那些出門在外工作、求學、探親的人們首先會想到的就是火車票問題。

火車票成了黃牛黑箱操作的賺錢工具，他們透過一定的管道斂聚了大量的火車票，以原票價的雙倍或者多倍的價格，出售給那些購買不到火車票、卻又急著回家的旅客。

以火車票價格所展開的熱議，早已不是什麼新聞。而真正的被人們關心的問題是：火車票的價格到底是誰說了算。若是能夠提前預測出春節返鄉期間鐵路旅客的發送量，那麼相應的

情況下，一定能夠發行出足夠數目的火車票，也就不會出現火車票緊缺的問題。

火車運輸作為客運的一種特殊商品，絕對不能因為個人因素或者是部門利益隨意改變它本身的商品屬性。而最早那種「以調整價格控制人流」進行改革的話，那也早已經被當成是一種藉口，更何況那也是一種違背人性化關懷的不正確理解。

所以調整火車票價，就必須保證一個最基本的前提條件：火車票既然作為一種商品，就應有它出售的淡季旺季之分，同時更需要進行整體的協調價格規律。如果做不到淡季不減價，那就更不能出現旺季亂加價的說法。如果要說旺季加價存在道理的話，像黃金週旅遊旺季或者春節返鄉期間的返鄉旺季，鐵路部門為廣大乘客所提供的較差的服務品質也應該給予降價理由所支撐。

其中的原因值得每一位鐵路局工作人員的關注。因為乘坐火車的人越多，鐵路局每年為國家帶來的經濟收入相應的就很可觀，這樣一來，在鐵路局工作的相關人員福利待遇也跟著變好。

某年返鄉之際，鐵路局為了給更多的大學生提供更好的乘車環境，提出了一個振奮人心的口號：「絕不讓大學生站著回家！」

根據經濟形勢的發展，民生問題也已經被提到了前所未有

的高度。故而，針對鐵路局所制定出的實行混合運行以及多種
票價的相關政策，其實也是在經濟不斷繁榮富強的大背景下衍
生出來的一個惠民政策。如果要將這項惠民政策作為一個長期
接受國家大規模資金的政府部門，那麼，鐵路局所制定出來的
政策本身就具有相當強的公益性質。

　　那麼，鐵路局又該如何在國家政策的引導下維護公眾的權
益，使旅客實現合理購票的最終目標，這也成為了鐵路局首先
思考的問題。要滿足最終的願望，鐵路局必須真正放下姿態，
認真傾聽公眾的聲音、了解事實的真相，才能夠將惠民的政策
實實在在的做到民眾心裡。

每天學點實用經濟學的筆記：

- 經濟上也出現了一些類似於「霸王條款」的東西，因為
  它們的存在，從而影響了正常的經濟秩序，這樣大大增
  加了制度的運行成本，進一步限制了廣大民眾的消費行
  為。
- 如果不能從法律的角度出發，逐漸減少或者剔除「霸王
  條款」，就會對市場經濟的秩序造成一定的影響。若是
  能以火車票價的調整作為一個契機，相信透過法律的力
  量，一定能夠推動市場經濟體制的進一步完善。

06 塞車是誰的錯

塞車，對於那些生活在大都市的人們來說，早已是司空見慣的事情了。當人們面對著「前不見首，後不見尾」長長的壅塞車隊時，或許也已經習慣了沉默。些許人因為耐不住等待的寂寞，可能會發發牢騷，一旦壅塞的時間長了，也就沒有那麼大的精力去抱怨了。

經濟學家巧妙的從塞車現象中，總結出許多影響國家經濟發展的因素，比如： 塞車不僅會浪費大量的工作時間，而且還消耗人的精力，影響人的心情，大大降低了工作效率； 塞車還可能導致汽車損耗的增加，嚴重影響交通運輸的正常運行，從而導致新鮮的農副產品因為無法及時送達目的地而變質，造成市場供不應求； 塞車不但降低了企業效益，影響了企業的利潤，同時也造成了整個國民經濟的不平衡發展。由此可見，塞車對於國家經濟的正常發展存在著非常大的危害。

許多國家也同樣存在著塞車現象。比如在菲律賓的馬尼拉，不單純的只是塞車現象較為嚴重，甚至連馬路旁邊的廣告也顯得過於擁擠。停在馬路中央的名牌轎車，與馬路兩旁高聳著得看板上的美女俊男交相輝映，這也成為當地的一大風景點。而就在這幅喧鬧的風景圖中，偶爾的時候卻能夠發現小商販的身影，他們忙碌著向司機或者乘客兜售一些塞車必備品，

比如泡麵、礦泉水、報紙、雜誌、面紙等一些小商品。而這些小商品對於那些塞車中的人來說，恰恰也是非常實用的。

　　塞車必需品在塞車經濟中起著非常重要的作用。例如： 在驕陽似火的大街上塞了大半個小時，紋絲不動，這時候的司機也許最需要的就是一瓶冰涼的礦泉水來解渴； 或者吃一些水果以補充能量； 或是買本雜誌、買份報紙消磨一下無聊的時間，或買一包面紙擦擦汗。當然了，其中所蘊含的經濟學原理還必須與當地的實際狀況相所吻合，只有這樣也許才能得到一定的政策支持度。

　　而這裡的買賣交易，實際上體現的就是經濟學中有效需求中的經濟原理。而所謂的有效需求就是指有需求就會有市場，有市場就一定有需求。但在經濟學領域，許多事情並不是想像中那樣絕對。

　　也許在以前，更多的人都不會認同或者是接受這樣的銷售模式，沒有人願意不顧面子或者危險，在車輛擁擠的道路中向司機或是乘客售賣小商品，而那些被困在交通阻塞中的人也不願購買那些小販帶來的東西，有人擔心品質不好，也有人因為價格高於市價店家。但現在完全不一樣了，小商販們不但為自己賺取了一定的利潤，同時也給更多的人帶來了方便，這也是一種雙贏經濟，這可能也就是塞車經濟學的玄妙之處吧。

　　一瓶礦泉水也好，一包菸也罷，其實小商販們只不過是薄

本經營，賺取一些蠅頭小利。而那些聰明的大企業家們卻在塞車之中挖掘出了眼球經濟的巨大商機。他們利用有車族們被塞的時間，在他們視力所及的範圍內打上企業的巨幅看板，以將本企業的產品或是服務推廣到這些消費群體當中，這就是為企業爭取更多客源的最佳時機。

不用說，塞車絕對不單純的屬於經濟問題，但是卻關係著時間的消耗、事情的延誤，從而導致或大或小的經濟損失，除此之外，還可能影響到當事人，即被塞者的做事心情，如此一來，惡性循環越演越烈。

面對這種狀況，究竟該如何應對？有些國家，就已經有了這方面的專家，他們不但關注並且研究塞車現象，而且針對這種現象的存在還提出了「團體最優化」、「蹺蹺板效應」以及「幽靈阻塞」等相關經濟理論。

但是，這樣的塞車經濟理論一旦推出，在各國是否實用，還需要透過實際研究才能證明。不過出乎人們意料之外的卻是，小農意識的氾濫，一些壅塞地段周邊的農民居然把「塞車經濟學」原理運用得恰到好處，他們僅僅抓住塞車的機會，將一些食物、水以及其他的小商品賣給司機或者乘客，從而賺取一些小小的塞車錢。

事實上，一些已開發國家，像美國以及歐洲等，已經相應的產生了一系列的「塞車經濟」，比如車內食品、車內有聲讀

物、汽車餐廳等等便民措施。就在這些已開發國家，當時因為廣播產業瀕臨消失之際，正是因為汽車業的發展以及嚴重塞車現象的出現，得以在交通廣播領域施展拳腳。因為塞車過程中絕大部分司機就會打開廣播收聽路況，同時也可以了解本地之外的新聞或者一些趣聞趣事。

所以，任何時候都不能片面的看待問題，就像經濟學家眼中的塞車經濟： 他們既看到了一方面塞車可能對整個經濟發展帶來大的延遲效應，同時他們也看到了塞車經濟帶來的另一方面的經濟收益。

每天學點實用經濟學的筆記：

· 當人們將「塞車」與「經濟」這兩個詞緊密聯繫在一起的時候，也許就已經緊緊抓住了經濟的長尾。對於那些被塞在路上的有車族來說，他們都是最具經濟實力的消費群體，而塞車的空檔其實也正是店家們進行廣告宣傳的最佳時機。

07 花錢買罪受黃金週

隨著人們生活水準不斷提高，越來越多民眾會選擇在黃金週出行遊玩，以便放鬆平日工作的壓抑。

　　新一輪的問題又出現了，各種各樣的矛盾也就在黃金週的旅遊旺季日益突顯出來。其中包括： 自然遺產的保護、接待能力與服務力量的不足，以及安全管理的不到位等等還有許多方面都無法得到有效保證。

　　政府利用每年春節、春假的長假，拉動了國家的經濟成長，卻造成了資訊不對稱的區域遊客飽和現象，這對於目前的旅遊業來說是一個非常突出問題。近兩年來每到了長假前夕，許多景點附近的服務場所或者機票的折扣遲遲不肯發布，就是為了實現更大的利潤空間。還有許多旅行社具體的旅遊報價也遲遲未能與廣大消費者見面； 還有一些風景區本身的接待能力就不是很強，但是為了追求更高的經濟目標，大肆進行廣告宣傳，結果無法預知資訊的旅遊者蜂擁而至，造成了旅遊接待的人均面積小之又小，造成了畸形的「商機」，從而進一步助長了某些相關企業的短期盈利的行為。

　　從經濟學層面看，黃金週雖然基本上實現了預期的經濟目的，但是卻人為的破壞了旅遊景點的自然物質，這也完全不符合旅遊業經營規律，所以最終還是弊大於利。其實，只需要相關部門根據實際狀況調整一下策略，也許能夠將廣大消費者的集中消費逐漸轉化為日常消費，這樣總體經濟收入並不會發生變化，只是在過程中有了一定的分散性。

　　從廣大消費者的角度出發，他們選擇在黃金週的時候出來

消費，原本為的是能夠在緊張的工作之餘得到放鬆，可是結果往往與最初的想法背道而馳，不但無法放鬆，有些消費者的遭遇甚至到了需要進行檢舉業者的地步，即使享受到了預期的服務品質，消費的價值卻遠高於平時消費的好多倍。

　　每逢長假到來，就會出現很多的散客，而相當一部分的風景區也已經突破了「最大容量」的極限。可是，當地政府卻只關注黃金週帶來的經濟效益，卻忽略了風景區的超時所造成的損失。

　　有的風景區一方面為了保證更多遊客的安全，不得不減少原來的綠化面積，加修棧道，這樣一來就嚴重破壞了山體植被。另一方面為了滿足廣大遊客的住宿要求，不斷修建各類大小旅館、賓館，即使這樣，在黃金週期間甚至依然不夠使用，而一旦黃金週結束，這些旅館基本閒置，從而也造成了一定的資源浪費。

　　所以說，當前的「風景區超載」真可謂是害處多多。而選擇在黃金週期間出遊的人，一旦選擇這個時間出行，必定面臨購票難、行路難、用餐難、住宿難的「黃金苦旅」。許多人在度假歸來之際，似乎少了份春風得意。他們要麼就是抱怨風景區的基礎設施較差，風景區沒有乾淨的公共廁所；　要不就是因為風景區旅館高的離譜的餐飲價格、低劣的服務品質；　或者就是壅塞的交通等等。總之，他們的共同感受就是，來之不易的長

假，竟然是「花錢買罪受」，而這種所謂的「心理疲憊」卻需要相當長的一段時間內才能完全恢復。

黃金週帶給人們的種種抱怨足以說明，各地風景區脆弱的基礎設施，根本無法滿足遊客的最大需求，這不僅無法使遊客體會愉悅，反而給大自然帶來了難以衡量的破壞，長期下去，各地景點，甚至是一些著名風景區的持續發展，可能都會難以實現。

現在也有更多人站出來呼籲，在今後的經濟發展過程中，不但要追求經濟利益，同時也應該發展綠色健康的旅遊經濟，這也是社會發展必然要求。所以，相關部門應該思考如何為遊客創造一個良好的環境，以引導人們更加健康的旅遊。

每天學點實用經濟學的筆記：

- · 黃金週不但沒有為人們帶來更好的影響，反而使一些風景區遭受破壞，這就是一件得不償失的經濟效應。
- · 健康經濟，不是單純的意味著良性經濟狀態。它是一種和諧、穩定、可持續發展的經濟常態。但是，經濟的健康程度也會受到來自不同方面的因素所制約或者影響。

第 3 章
消費經濟學：
把錢用在「刀口」上

　　普通的詞彙當加上專業性的「經濟學」三個字之後，似乎一下子變得生澀了許多，那麼究竟什麼才是所謂的消費經濟學呢？　本章將帶領大家一起探尋深藏於消費經濟學中的祕密。

01 大超市的東西一定便宜嗎

伴隨著經濟的快速發展，如今各式各樣的商場或是超市簡直是隨處可見，從這點足以看出人們目前的生活水準確實提高了不少。

一般的小型超市所經營的飲料、泡麵之類的小食品類，基本都是負毛利銷售； 此外還有人們常用的食用油也一樣，利潤也是比較低廉，再有就是洗髮精、沐浴乳之類的生活日用品的價格，也存在負毛利居多； 而在一些大超市，這些東西可能會比小型超市貴一點，但這也不是絕對的，大超市一般在商品的定位上可能會選擇一些品牌價值更高的東西。

在大型超市的定價方面，定價較低的商品往往都屬於「價格敏感型產品」，而且也會將這些商品擺放在超市入口或是出口最醒目的地方，讓顧客更容易看到商品。其實在很多消費者在這些顯眼的地方選取低價物品的時候，也可能會在比較中選擇一些高價商品。

其實這部分被顧客無意識拿走的商品價格並不便宜，更甚者還可能要高出其他小超市的好幾倍。所以想要真正省錢，就必須為自己制定出一套應對店家的絕招，最奏效的方法就是製作一張完美的「價格表」，將一些經常購買的商品規格以及價格清晰標注在上面，再附加指出最低價格，常帶在身上。這樣

一來，就會對一些日常消耗品的價格做到心中有數，對於那些「買一送一」的食品或者用品，一定先看一看它的保存期限是否為即期品。而同時對於任何打著「促銷」或者是「特價」的商品也要仔細檢查，先用自己提前製作好的　「價格地圖」比對，看看是不是真的如店家所說的那樣便宜。說白了，行銷的本身，就等於是貓抓老鼠的遊戲，「買的沒有賣的精」其實也正是這個道理。

有些人不喜歡仔細研究價格，而有些人對於價格特別敏感，一旦遇到促銷或是打折就會瘋狂搶購。其實無論什麼時候，店家總是以營利為目的，他們也正是抓住了消費者的慣性思維，所以經濟學家建議消費者在購物的時候不妨進行一下簡單的成本核算。

在小型超市購物的時候，一般就選擇稍微便宜點的商品，因為它們的利潤也相應較低，所以在一般的小超市建議購買乳製品，比如起司、優酪乳等；　也可以購買一些像牙膏、洗衣粉、香皂之類的日常用品；　還可以購買像米、麵、油之類的常用的消耗量也比較大的食品。一般這樣的商品價格比較透明，所以消費者完全可以進行多家比較，做出最終選擇。

要是去大型超市或者商場的話，即使它們經常性的也會做一些特價或是打折的商品，但是與小超市相比的話，也有可能會高於其他的價格，而他們所謂的特價或是打折，只是在它們

原來定價的基礎上進行了細微的價格調整。

在一些規模較大的超市，比如連鎖百貨，它的人氣比較旺，所以特價商品基本上也會便宜一些； 有些超市，他的人氣相對會淡一些，所以商品價格也會便宜一些，故而特價商品也會很少； 有些超市的商品價格總體上來說，價格都不算很高；有些超市商品價格與其他小型超市相比之下稍微有些偏高，所以，去這些超市購物的人也不是很多。而有些超市，它們在服務上不是特別講究，相應的人氣也會淡一些。如果每次去逛超市，想買到更便宜、更實惠的商品，關鍵還是要多留心。多比較，同時也多關心一下那些特價商品或是打折商品，也許這樣可能會省下一筆不小的開支。

下面將會為大家呈現出一些各大小超市商品的銷售策略：從消費者一進入超市入口開始，能夠與我們視線保持平行的商品，利潤最高。一般情況下，超市在擺放商品的過程中，都會堅持一個原則： 消費者最容易拿到手的，永遠都是店家最想賣的。而店家往往會將自己最想賣的東西放靠右的位置。店家們會把一些最想推銷、利潤相對較高的商品，放在主購物通道或者展櫃的右側，也會經常把一些體積較大的商品放在超市入口處或者入口附近，這樣就會便於消費者用手推車購買大件商品，還可能在行進中增加購買。所以建議大家在逛超市的時候，不妨多練習用左手拿貨。

第3章 消費經濟學：把錢用在「刀口」上

　　一般薄利多銷的商品總是出現在入口或者電梯通道兩側，便於消費者拿取，也可以增加消費量。最新鮮的商品總是擺在最靠裡面的位置，價格定位也總是採用拆東牆補西牆的方式。

　　你有沒有仔細想過，我們每次去超市都會看到「天天低價」、或者「特價銷售」等一些大幅吸引眼球的標語或者，其實他們使用的就是心理學上的「月暈效應」，店家會把一些食品或者日雜等生活必需品的價位稍微定低一些，就會在人們的腦海中造成「這家超市比其他超市更實惠、更便宜」的印象，從而使得消費者在不自覺間認為這裡的所有東西都比較便宜。

　　還有超市裡所謂買一送一的活動，很多店家都是在悄悄漲價之後才附送贈品，有的甚至是把一些快要過期的商品與新鮮的商品捆綁在一起銷售。這樣就會讓許多消費者養成一種「買得多總要比買得少實惠」的慣性思維，長期下來，這也成為了超市的一種「銷售心理戰術」。

　　超市購物完畢之後的最後一道程序就是結帳。尤其是到了年節假日消費者增加，使得那些站在長長結帳隊伍中的人，在無聊之餘可能會拿起出口處貨架上糖果或者飲料，而且這種比率也已經達到了購物率的百分之二十五，這也是許多消費者最難守住的購物關。

　　相關研究表明，在超市購物中，大約有百分之六十屬於計劃型消費，而另外的百分之四十大都屬於衝動型購買，而這些

衝動型消費的存在，也歸功於店家與消費者之間一場沒有硝煙的「心理戰」。

每天學點實用經濟學的筆記：

· 商品的定位可以影響產品的銷量。在行銷策略方面，一般的大型超市，他們的定價範圍大概是： 其中有三分之一的商品會比其他小超市的價格便宜； 還有三分之一的商品會與其他小超市保持平衡； 另外三分之一的商品則一定是貴於其他小超市。

02 「貨比三家」有必要

鑒於目前市場經營的混亂，很多時候店家所售商品的價格，並不是按照定價標準，有許多店家也是根據當地的消費水準或經營成本自定價格。這樣一來，如果從同一管道以相同的價格取得的貨，可能在售價方面有所不同。那麼，對於消費者來說，必要的時候，也應該盡可能比較價位，才能獲得更多的經濟效益。

曾看過一則新聞，說某地區一位劉姓女士因為病情需求，在當地的一家藥局以一百元一盒的價格購買了某種藥。當劉女士第二天在附近的街道閒逛時，看見也有一家藥局，於是她就

順便進到這家藥局去看了一下，結果發現自己昨天剛買的藥，在這家藥局的價格卻是七十元一盒。之後劉女士又相繼尋找了兩家不同的藥局，結果最後去的這兩家藥局的藥物價格更讓她崩潰，都在六十元左右，真可謂「不比不知道，一比嚇一跳」。這時候的劉女士心中難免有了些疑惑，為什麼同一家廠商生產出的同一種藥物，藥物批號與藥物的規格型號都一樣，那又為什麼在不同的藥局卻有多種不同的價格。而且它們之間存在的差價太大，有的居然達到了成倍的差額。

後來，劉女士向記者反映了這個情況，經過記者的多方調查，才給出了劉女士這樣一個答案：原來這幾家藥局的說法就是「他們的進貨管道不太一樣，所以價格也就各自不同。」可是這樣的結果依然讓人心存疑慮，即使進貨管道不一樣，但是價格也不會出現這麼大的差異吧。更何況這些藥都是來源於同一家製藥廠，而且零售藥局所處的地理位置也都差不多，可是為什麼會有這樣大的價格落差，真的是不能令人信服。因為在醫藥銷售產業有一個不成文的規定，那就是賣出去的藥並不像其他商品那樣，在條件允許的範圍內是可以退換的，而唯獨藥品不能。所以，這也應該是那些醫藥商為了故意抬高藥品價格所編造的謊言罷了。

而上述劉女士購藥的例子，只是針對在外自行購藥的情況下，這樣其實自主選擇權始終還在自己手中。而一旦選擇在醫

院看病求醫的話，那麼買藥的自主權就完全不用自己選擇了，只能在醫院拿藥。所以說，如果是在外面購藥一定要多問幾家，以便於自己能夠選擇到價格合理的藥物。

總之，無論什麼商品，只要有市場，都會存在一定的差價。即使是在各種外在條件或者生產要素一致的時候，也有可能因為各種不同的因素存在不同的價格。

每天學點實用經濟學的筆記：

· 經濟學家認為：「無論多深奧的理論，如果透徹理解它，必定可以還原為日常生活中的現象。」

03 優惠券： 占了便宜還是吃了大虧

現在的很多大中型商場都會發給顧客一些所謂的優惠券。難道真的是那些店家為了答謝廣大消費者，才特意製作出了一定數量的優惠券？ 而在發優惠券的店家當中，又以肯德基的優惠券發放最多。

對於優惠券的發放，有人認為： 優惠券的發放其實就是一種商品促銷。不但使得原本喜愛肯德基的消費者得到了更多實惠，而且還有可能從持有者中挖掘出更多的潛在客戶。

也有人會說：「KFC 這樣做無非就是想給自己賺一個好口

碑！」KFC 現在的消費群特別大，每年單純的利潤就相當的
客觀，只需要從中拿出很少的一部分以優惠券的形式發給消費
者，不但讓更多的消費者享受到了 KFC 優質的服務和優惠的價
格，而且還能夠將體驗分享給親友，等於 KFC 為自己企劃的一
次最實惠的廣告宣傳。

　　當然，以上有關消費者的所有推測與想法，也都基本成
立。但店家們的經濟算盤可不是這麼簡單打打，他們還有更大
的利益目的需要透過這一措施實現。下面就一起看看店家們提
供優惠券的背後到底隱藏著什麼？

　　對於優惠券的一種簡單理解，可能就是為了吸引更多顧
客，從而提高店家的銷售量，增加營業額。如果真是這樣的
話，店家們為什麼不採取直接降價的方法獲得更多的客源？可
見這樣的解釋並不合理。因為一般的優惠券都是送給那些經常
消費的人，他們並不是憑空得到。除此之外，還有使用優惠券
購買的商品，基本都是店家指定的某種組合，而不是隨意購
買。也就是說，使用優惠券需要付出一定的代價，相對的說，
這也是一種成本。

　　KFC 優惠券的有效期一般是三個月，而其中的每種商品最
多只能便宜幾十元不等。一旦到了優惠券的限制日期，如果要
對回收到的優惠券情況進行統計，可以發現，哪種優惠券回收
得越多，其中所反映的需求價格彈性越大！

舉個例子來看，一般情況下，KFC 的一間分店，某漢堡平均日銷量為一千個，價格為七十元 / 個，如果用優惠券的話，價格為六十五元 / 個。假如在發放優惠券之後，這個區域店的平均日銷量上漲到了一千三百個，那麼，將其代入彈性公式計算，得出其彈性為負，而它的絕對值卻是大於一的，這足以說明某漢堡這種產品的需求是富有一定彈性。那麼，KFC 在對其漲價決策的分析上，就必須考慮到這個問題。如果要對某漢堡漲價五元，也就相當於在原價基礎上提高了百分之十，而這個時候，市場的需求量就會減少百分之二十，從而就會出現總銷售額大幅下降的結果。

同時還有這樣一個常見的現象，那就是對於那些優惠券回收數量較少的商品，其實發不發優惠券，對它的銷售量幾乎沒有什麼影響，也就是說該產品需求的價格彈性相對來說會很小。所以我們不難發現，其實店家們每次做的那些優惠券，主要是為即將推出的產品或者對商品價格調整的一個試探，以謀取更大的利潤空間。

所以說：「天下沒有免費的午餐！」當你再次面對店家們推出的優惠券時，也許你就更加明白了這其中的道理，或者說是已經很清楚了店家的隱藏目的，無形之中也許你已經成為了某種產品價格的調試者。

其實所有的店家在發放優惠券的間隙，就等於間接的進行

了價格歧視。對於那些用心保留並在購物或者享受服務時使用優惠券的顧客來說，他們往往要比那些忽略優惠券的消費者對價格更為敏感，通常情況下，他們的需求彈性也更高，而保留價格較低，因此透過發放優惠券的形式留住長期消費者。這樣一來，店家們就會將他們的顧客分成兩組，並且還可能會向那些對價格更為敏感的顧客收取比較低廉的價格，從而攫取更多的消費者剩餘。所以說，店家們發放優惠券的這套方案決策者可謂是精通眾經濟學原理的高人，簡直收到了一舉多得的經濟效果！

　　總之，使用優惠券，就需要消費者付出相應的代價。而許多店家就是透過優惠券的使用將消費者分成兩種。其一就是富人；其二就是窮人。之後對於富人，也就是不持有優惠券的人，店家們就盡可能多提供給他們相對比較貴一些的商品，或是不給他們優惠，而對於另外那部分窮人而言，也就是持有優惠券的人，店家也會相應給他們一定的折扣。其本質就是透過此方式榨取了更多的消費者剩餘，從而增加自己的利潤。

　　所以說，優惠券的使用其實就是店家所施的一種連環套。當許多的消費者奔著優惠而來時，卻發現其實店家所打出的很多產品標價都因為某些條件的不足而無法享受優惠，最終只能自己掏更多的錢購買商品。如此一來，消費者就中了店家的圈套，超預算消費；這還沒有結束，雖然拿著優惠券，但是卻陷

入兩難的境地，面對自己想買的商品，不知所措。買，還要花更多的錢； 不買，更多的優惠似乎被白白浪費了一般，真的如同雞肋一般。所以廣大的消費者在優惠券的面前，只好選擇繼續消費。

每天學點實用經濟學的筆記：

· 處於市場經濟的大環境中，店家們不僅需要根據市場需求統計出實際的銷售情況，還應該根據需求記錄某種產品在價格調整之後消費者的反應，才能制定出更容易被消費者接受的價位，盡可能賺取剩餘價值。

04 運用消費者剩餘，學會殺價

買賣中那些會殺價的消費者，可以說各式各樣的技巧都能用的恰如其分，他們要麼虛張聲勢，要麼聲東擊西，要麼評頭論足，要麼死纏硬磨，但最終目的卻只有一個，那就是希望能夠用最實惠的價格購買到最稱心的商品。

但為什麼，消費者的殺價總會取得一定的效果？ 商品價格與原價的差異，關鍵取決於買賣雙方對於「消費者剩餘」的理解。很多時候，因為消費者預期也會因為使用殺價策略的不同發生變化，所以在殺價的時候一定要懂得巧妙運用消費者剩餘

理論。

　　那麼，何為「消費者剩餘」？這一理論由著名的經濟學家馬歇爾（Alfred Marshall）所提出，他所提出的解釋為：一個人對一物所付的價格，絕不會超過，而且也很少達到他不願支付的價格。因此，他透過購買此物所得心理上的滿足，通常要超過他因付出此物的代價而放棄的滿足，所以，他就能從這種購買中得到一種滿足的剩餘。他願意付出但又不願得不到此物的價格，而超過他實際付出的價格的部分，企業就是這種剩餘滿足的一種經濟衡量，這個部分也就被稱為「消費者剩餘」。

　　採用一種通俗的說法，「消費者剩餘」其實就是消費者為了購買一種自己選中的商品或一項滿意的服務而支付的價格，再減去實際支付後的價格剩餘。舉個簡單的例子說明一下：比如：在一家商場看到了一雙不錯的鞋子，它的標價是六百元，但是你非常希望自己能夠擁有這雙鞋子。在你的心裡也許你會覺得如果按照這樣的價位，自己很難接受，覺得有些不值。你希望三百元能夠買到，後來一經諮詢，店員說可以打六折，這樣一算，這雙鞋的價格就是三百六十元。雖然鞋子最終的價格要比自己心中願意支付的價格要高出六十元，但是與原價相比的話，卻足足少了兩百四十元，而這兩百四十元就是一種剩餘滿足的經濟衡量，被稱作是消費者剩餘。

　　明白了消費者剩餘理論後，今後在購物或者享受服務時，

最起碼已經累積了一定的經濟原理，可以更輕鬆掌握殺價的技巧。當然，除了科學合理利用消費者剩餘殺價之外，接下來還將為大家支幾招省錢購物攻略。首先，出去購物時，穿戴最好不要太過華麗。一般那些全身上下都是名牌的有錢人購物，總會被一些店家緊緊盯住，這對殺價極為不利。

其次，在購物的過程中，千萬不要隨意表露出自己對商品的喜愛。如果消費者對所選商品喜形於色，一旦這種表情被店家捕捉到，那麼這件商品的價格一定壓不下來。一般的殺價高手就是那些即使發現了物美價廉的商品，也不會露出表情，他還會繼續分散注意力，讓店家再拿些其他商品比較，然後再有意無意涉及真正想要購買的東西，在「可買可不買」的狀態中壓低價格，屢試不爽。

再次，購物時還可以試著以聲東擊西的方式殺價。在殺價的過程中，可以客觀的找出一些想購買商品的不足之處。這樣可以為店家營造一種似買非買的假象，以此爭取店家在價格方面的讓步； 最後，可以採用故意掏「空」腰包的方式殺價。對於一種特別想購買的商品，心裡清楚大概什麼樣的價位可以買到，但是店家卻一口咬定自己的出價已經是最底線的折價，這時消費者完全可以用自己已經「錢沒帶夠」為藉口，向店家爭取最後的購買權。

在經濟領域，「消費者剩餘」有正數的可能，當然也會有負

第3章　消費經濟學：把錢用在「刀口」上

數的可能，而且這個參數是與「生產者剩餘」（商品的生產者出售一種商品得到的收入，再減去商品的成本所賺到的利潤）呈現出反比例的關係，這種此消彼長的內在聯繫，清晰顯示出了「消費者剩餘」減少部分的真實方向。所以運用消費者剩餘的經濟理論殺價是一門生活藝術，值得消費者探討。

細心的消費者可能會發現這樣一種奇怪的現象，就是在一些裝潢高級的商店裡，打七折、八折之後用上千元購買到的商品，在外面普通的商場裡售價大概只有四五百元，一模一樣的商品價格卻相差甚遠。因為店家的不同的經營成本加之不同的銷售方式，使得消費者很容易相信店家所製造的打折誘惑，消費者只是獲得了更多的消費者剩餘，得到暫時的心理滿足，卻付出了更多一些的代價。

還有一些經常去市場買水果的消費者，他們在長期的買賣中也總結出了一定的消費經驗。比如： 來到市場，看到剛上市的荔枝，顆顆新鮮飽滿，這時很有可能激起原本不打算購買的消費者們強烈的購買欲望。但千萬不要被商販們看出你渴望的眼神，否則他們肯定會考慮以較高的價格賣給你，從而獲得更高的消費者剩餘。所以當你詢問價格的時候，店家們也會在不自覺間故意抬高售價，一旦交易成功，消費者的剩餘就會直接轉化為水果攤販的利潤。

所以逛商場的時候，都會發現有各種各樣所謂的促銷、打

折活動，其實，店家們也是利用消費者貪便宜的心理，賺取他們更多的消費者剩餘。因此在購物時，一定先要明白哪些東西是自己需要的、哪些暫時還用不到，只有明明白白消費，才能夠買到經濟實惠、物有所值的商品。

每天學點實用經濟學的筆記：

- 消費者剩餘的經濟原理，告訴我們如何在購物時維護自身利益，如何淡定的面對想買的商品，凡事都不要太快流露出自己的喜惡，不妨表現的更無謂一些，甚至表現出對該商品的不滿，這樣也許店家就不會肆意抬高價格了。

- 每天都會有許多不平等交易發生，實則都是店家想盡一切辦法將消費者的最大剩餘轉化為自己的利潤。但消費者剩餘是一種心理上的滿足，而不是真的獲得了一筆額外的財富。

05 為何東西越貴越好賣

有句俗語說得好「一分錢一分貨。」也許正是因為大家一直以來都秉承著這樣的購物理念，所以，在琳瑯滿目的商品世界，消費者努力尋找自己理想中的商品。一般情況下，在消費

第 3 章　消費經濟學：把錢用在「刀口」上

者認為：「越貴的東西，品質就一定不會差。」如果用經濟學理論分析的話，其中最主要包含的就是交易效用理論。

但是在人們的日常生活中，許多人的消費決策總是會被一些無關緊要的參考因素所左右。比如： 有消費者想要購買啤酒，他可能會考慮在酒店購買或者在小商店購買的區別，想要收藏古董時，可能更多考慮的是一件古董在古玩市場所處的位置，應該以什麼樣的價格存在？ 同樣的道理，就像大多數的消費者在購買其他商品一樣，很多時候都會被一些與商品本身價值存在關係不大的參考因素所影響。

如今甚至出現越貴的東西越好賣的現象，例如： 兩百多元的一瓶礦泉水、四百元一碗的拉麵、四百多元一盒的香菸、三千多元的一斤牛肉、兩萬多元的打火機、三萬多元的一款錢包、四萬多元的一款手錶、二十多萬元的一部手機、幾千億的一輛汽車等等高價商品，甚至還曾出現過因為供不應求而引起消費者抱怨的情況，許多想買到這些昂貴商品的消費者還必須提前一個月預定。

其實這些也還算不了什麼，最為關鍵卻是，即使在你提前半年的時間預定的商品，到了半年之後未必就能讓你拿到現貨，很有可能還只是一個概念或者宣傳。

究竟這是怎麼了？ 為什麼在我們世界，這樣的現象反而越演越烈？ 為什麼越昂貴的東西越被廣大的消費者所認可？

05 為何東西越貴越好賣

之前曾在網路上看到過一段採訪紀錄，是某集團副總裁說的一段經典話語：「什麼是高級產品，怎樣成為高級產品，最重要的是看價格，你的價格貴，你就是高級產品，公司之所以這麼成功，最關鍵的因素是產品價格策略，它貴啊，它是最貴的牛奶，消費者就會認為最貴的牛奶一定是品質最好的牛奶，品質最好的牛奶才最有營養的。」運用經濟思維思考這段話，它不僅符合了廣大消費者的消費心理，同時也道出了一定的商業祕密。

在資訊嚴重不對稱的狀況下，消費者首先可能會透過產品的價格進行產品品質好壞的判定以及對於產品品味的高低、時尚程度的大小進行經濟衡量。價格高的，一般都會認為品質比較好； 而價格低則完全相反，這也就是很多人「信奉」的消費理念。

當大家都開始變得富裕的時候，那些更為富裕的人，面子上有些掛不住，他們可能會需要購買更加昂貴的產品或是服務來區別與大眾的不同。所以看起來價格離譜的商品，反而銷量會變的出奇的好。

由此可見，各種產業與產品其實大都可以走「貴」的路線，因為只有貴的商品，才能開發出更大的市場，以贏得更多的消費者。下面這個小故事，就足以證明越是昂貴的東西越有市場。

第 3 章　消費經濟學：把錢用在「刀口」上

　　在孤兒院長大的小男孩德比，常常悲觀的問孤兒院院長：像我這樣沒人要的孩子，活著還有意義嗎？院長溫和笑了笑，沒有任何回答。一天，他交給德比一塊石頭，並讓他拿著這塊普通的石頭上集市去賣，如果有人要買，千萬不能真賣。最後還特別叮囑德比：「無論別人給多少錢，也一定不能賣。」

　　於是，第二天德比拿著石頭，蹲坐在集市的一個角落，他卻驚喜的發現有不少人圍了上來，並且對他的石頭表現出興趣，而且給出的價格也是越來越高，但是德比記住了院長的話，並沒有賣掉自己帶去的石頭。後來，德比回去之後把這件事情告訴了院長，院長笑了笑，並讓德比再把石頭拿到黃金市場上去賣。德比聽了院長的話，之後在黃金市場上，有人竟然給出了比昨天還要高的價格；　第三天，院長讓德比把石頭再次拿到珠寶市場上去展示，結果，石頭的身價在原來的基礎上還翻了十倍，更由於男孩無論如何都不賣，竟被傳揚為稀世珍寶。

　　原本只是一塊普普通通的石頭，但是在不同的市場上卻有著太大的價格差異，而且市場所謂的規格越高，石頭的價格也跟著急速上漲。同等品牌的商品，但是因為本身所處的位置不一樣，就會出現不同的價格，這種現象非常普遍。

　　其實上面關於石頭的故事中，隱藏著一定的經濟道理，很多時候並不是消費者願不願意買的問題，而是銷售者敢不敢抬高價錢的問題。這其實也是店家經營的一種非常重要的經濟原

理，只要產品的品質有保證，即使價格超過產品本身所具有的銷售價格，也一定會受到廣大消費者的歡迎。

隨著社會經濟的發展，人們的消費能力顯著增強，更多消費者也逐漸從單純的購買產品以獲取使用價值，轉變為不斷追求商品的品質享受。

每天學點實用經濟學的筆記：

- 為何奢侈品消費一直呈現逆成長的趨勢？ 有專業人士分析： 因為奢侈品所受到的國際金融波動衝擊較小，此外還與本身的保值功能存在著密切關係。

- 現在「越貴的東西就越好」的消費理念，導致了通膨預期不斷推動更大的購買需求。當所謂的通膨預期不斷增大的時候，一些處於「金字塔頂端」的消費者為了資金避險或者保值增值，就逐漸加入到了大額投資的團隊，也就出現了許多品質較優良的商品。

06 打折店家的鬼把戲

以前有一個家徒四壁的窮人，一個富人看見了，覺得他很可憐，於是大發善心，想幫助他度過難關。富人送給他一頭耕牛，還囑咐他一定要好好開墾，等到來年春天的時候就可以播

種，等到了秋天的時候就能有所收穫。於是，窮人也滿懷希望的開始了自己的奮鬥之旅。起初的幾天，這位窮者還能按時去替牛割草，可是沒過幾天，窮人就已經厭煩了這種伺候牛的日子，自己都懶得吃飯，牛還要每天吃那麼多的草，日子簡直還不比以前。

後來窮人賣了牛，換了幾隻羊，沒過幾天就先吃了一隻，原本希望依靠剩下的幾隻生小羊，等小羊長大以後拿去賣，這樣就可以賺到很多錢。後來，這樣的想法在窮人的腦海裡反覆出現，但是每次都堅持不了幾天繼續吃羊，當看不到小羊出生就只剩下唯一的一隻又被窮人換成了母雞，他希望母雞能生蛋，然後換錢，這樣致富還能快一些。可是窮人還是與之前換羊之後的想法一樣，直到吃完最後一隻雞。就這樣，窮人的致富夢也就這樣泡湯了。

當我們在笑窮人的時候，是否真正想過這個故事背後的經濟原理？這其中隱藏著一個成本控制的問題。而所謂的成本控制本身就以成本作為控制手段，並且透過制定成本的總水準來控制他們的指標值，這樣就可以降低成本率以及成本中心進行成本控制的責任，以最快的速度達到對經濟活動實施有效控制的目的，以及後續的管理活動及其整個過程。

而現如今，許多店家幾乎每天都會有打折活動，每天都有所謂的平價或是特價商品，但是在成本控制方面就存在一定的

問題，因為他們所賣的商品可能會比其他店家便宜。

　　從古至今，大凡是店家，他們都會為自己謀三分利！比如沃爾瑪經常會以低於成本的價格出售商品，到最終卻還能盈利，那麼這到底是為什麼，其中的奧祕也只能用經濟學的原理解釋。一般情況下，商店不可能對所有的商品都打折銷售，他只會選取其中的某一種或是某幾種打折，而且有的是輪流打折，今天可能是日用品，到了明天也可能是調味品，而等到了後天就可能是食品或者盥洗用品等等。

　　也許一些店家所推出的折扣商品，看上去優惠的價格都有點虧本，但是銷售量上去的話，微薄的利潤也能獲相應的額度。為了擴大消費者群，店家們總會找到一些合適的折扣資訊用來吸引更多的消費者。店家如此的經營理念，正是維持企業生存乃至成功的必備手段，這也是經常會看到一些所謂的大店家盈利的關鍵之所在。

　　打折商品本身就是以低廉的成本和優質的服務作為支撐，不能最大限度的降低成本，也是經不起天天折扣的最大經濟考驗，而提供優質的服務從本質上說也是在降低成本。許多店家也正是透過下面這些措施來降低成本和提高服務品質。

　　店家們在經營過程中實施倉儲式經營管理的模式，不但使得一些大的商店裝修保持一種簡潔的形勢，而且所有的商品大多採用大包裝，同時店址也絕對不會選在租金昂貴的商業繁華

地帶。他們基本上與各地的供應商保持著密切的合作關係。隨時透過電腦，實現資訊共享，這樣的話，供應商可以在第一時間了解店家們得銷售以及存貨情況，及時安排生產和運輸。

　　店家對行政費用的控制也相當的嚴格，他們總是規定採購費不得超過採購金額的百分之一，而公司的整個管理費為銷售額的百分之二，產業的平均水準一般控制在為百分之五。最大程度的減少廣告所占的費用。不少店家認為保持平價其實就是最好的廣告，因此不能做太多的促銷廣告，這樣就可以省下一筆不菲的廣告費用，以便推出更低價的商品報酬顧客。從而提供高品質的服務。

　　當然，所有打折的商品還要以產品的極端豐富以及產品的多樣性作為前提，並且還要以非熟人社會的存在為前提。只有這樣，才可以很好的進行輪流打折的方式，才可以做到讓其中的一部分人知道店家的打折商品，而另外一部分人不知道打折的具體產品明細。

　　其實這樣的銷售策略，也只有那些實力雄厚的大型連鎖商場或是超市才能夠做到這些，而一般的小型商場或超市都是價格比較實惠的商品，所有根本不需要這樣的活動。

　　總之，只有那些頗具規模的商場，才可能擁有足夠的經濟實力來控制自己的成本，從而透過一些折扣商品來不斷提高銷售額度，達到營業的目的。

每天學點實用經濟學的筆記：

- 成本控制其實就是企業在一定時期內預先建立的成本管理目標，由成本控制的主體，在其所負的職權範圍內，進行生產成本的耗費計算以及成本控制，對各種影響成本的因素和條件採取的一系列的預防和調節措施，以確保成本管理目標的實現以及合理管理行為。

- 其實，現在的許多企業就是因為無法控制好本企業的營運成本，而導致了大量的資金浪費，從而走上了資金短缺、回籠速度較慢的失敗。

07 該不該花「明天」的錢

當人在面對擁有或是贏取的時候，總是能夠坦然面對； 但對於經濟上的損失時，往往會選擇躲避風險。而我們在發達的經濟中生存，會不斷生出無法遏制的欲望，但是卻有苦惱於沒有足夠的經濟支出，這個時候，你會不會考慮進行銀行貸款，花「明天的錢」解決今天的問題？

一疾病預防中心正在為預防一種罕見的疾病做準備，原本最初的預計這場疾病可能會導致六百人死亡。目前已經有了兩種方案，第一種方案可以拯救兩百人； 而第二種方案，其中三分之一的可能性就是能夠救六百人，而另外三分之二的可能就

第3章　消費經濟學：把錢用在「刀口」上

是一個也救不了。很明顯，救人是一種獲得，所以人們都不敢輕易去冒這個風險，保守的選擇就是第一種方案。之後，緊接著，另外一種方法又出來了： 這裡依然有兩種方案： 第一種方案可能會使四百人死亡，而第二種方案有三分之一的可能性無人死亡，有三分之二的可能性是六百人全部死亡。而死亡是一種損失，因此人們更傾向於冒風險，可能會選擇第二種方案。

無論哪種方案，都存在一定的風險。救活兩百人就會失去四百人； 而三分之一的可能，是救活六百人等於三分之一可能一個也沒有死亡。之所以出現不同的選擇，關鍵就在於表達方式的不同。

對於上面實驗結果的差距，心理學家康納曼（Daniel Kahneman）與特沃斯基（Amos Nathan Tversky）共同提出了一個新名詞 —— 展望理論（Prospect Theory），這似乎對於那個看似有些荒誕的結果做出了較為合理的解釋。展望理論中指出： 人們往往不是從財富的角度思考問題，而是從輸贏的角度思考，這樣就只在乎收益與損失。而展望理論的核心觀點卻往往只有兩個。第一，人們在面對收益或者損失時，對於風險的態度永遠都不是一致的。這與傳統理論中的風險規避存在著明顯的不同，展望理論認為，人們在對待風險的時候很有可能會受到來自各方面的影響，並且人們對於這樣的損失大都比較敏感。

在經濟學領域，廣大的消費者對於心理層面上的展望理論，設計出一種 S 型價值函數 來取代傳統的效用函數，主要強調的是個人投資會受到其主觀投資參考點的影響。一旦所謂的資產價格高過參考點價格，也就是主觀上處於一個盈利的位置時，投資者往往是風險的迴避者； 而當資產價格低於參考點價格，也就是主觀上處於一種虧損的地位時，投資者轉而又成為了風險的偏好者。換言之，也就是當人們面臨獲得時，總是小心翼翼。

再舉個簡單點的例子： 現在有兩杯冰淇淋，一杯有七盎司，卻將其裝在五盎司的杯子裡，這樣的話看上去就太滿了，似乎會溢出來； 而另一杯是八盎司，卻裝在了十盎司的杯子裡，那麼，這樣看上去始終沒有裝滿。可是經過調查研究分析，更多的消費者願意用更多的錢去買那杯裝得很滿的七盎司冰淇淋，而不是用較少的錢去購買裝得不夠滿的八盎司冰淇淋。

這樣的結果簡直讓人瞠目，也許很多人都遇到過這樣的現象，或者聽到過這樣的話： 手中的股票究竟是該拋還是該留？其實，判斷一檔股票是否繼續持有，只能按照市場適時的狀況來決定，這與購買股票的成本不存在直接的關係。但是在現實生活中，絕大多數的股民都認為： 如果有的股票賺了，就應該選擇停止此行為； 而往往股票虧了，人又往往不捨得拋掉。這種看似矛盾的決策，其主要原因就是人們對損失比對獲得更加

敏感。

　　相信大家也都明白經濟學中最重要的基礎，其實就是理性人的假設。實際上，人們的理性往往都是有限的，而人們對於事情發生的機率卻沒有一個清晰認識。透過相關研究證實，相對於量的大小，人們對於經濟概念的存在更為敏感。因此展望理論的提出，又做出了一個新的非線性機率權重函數，也就是人們對小機率事件太過敏感的原因之一，至於那些大機率事件卻又往往敏感度不足，其實就是人們普遍缺乏的安全感，總是害怕發生什麼不測。

　　總之，上述的兩個實驗都足以證明，人的理性是有限的，尤其是人們在做一些經濟決策的時候，最好不要盲目去計算一個物品的價值，而是採用某種比較容易評價的線索進行詳細的判斷。鑒於此理論的正確性，大家就應該能更加清晰明白，究竟該不該用明天的錢支付今天的消費。

每天學點實用經濟學的筆記：

· 花「明天的錢」在經濟學中其實就是一種所謂的「邊際效用理論」。採用一個通俗的例子： 每個人吃第一個饅頭與第十個饅頭的效用是不一樣的。而如果要用明天的錢來為今天的車支付的話，就如同吃到的第一個饅頭那樣香甜，它的效用無疑是呈遞增的趨勢。

．該不該花「明天的錢」其實不僅僅只是受自身經濟條件的制約，同時也在考量著一個消費者的消費觀念以及生活習慣。

08 免費體驗賺了你什麼

西元一四九二年，義大利航海家哥倫布終於在經歷了艱險之後發現了美洲大陸，但是哥倫布的環球之行確實來的不容易。早年，哥倫布只是一個默默無聞的水手，他出身卑微，只不過夢想過自己能夠成為一個成功的航海家。當葡萄牙還在試圖繞過非洲抵達印度的時候，哥倫布就已經發現了更為便捷的一條路，只要向西一直航行，根本不需要繞過非洲，就能直接到達印度。

在西元一四八四年的時候，哥倫布就曾向西班牙國王提出過這個建議，但等了將近八年，到西元一四九二年的時候，才得到了西班牙王后的大力支持，緊接著西班牙國王也同意了這一計畫。西元一四九二年八月，已經四十一歲的哥倫布終於帶領近百人分乘三艘小船，離開西班牙，開始了向西航行之旅。

在西元一四九二年十月十二日，經過了差不多一個月的時間，哥倫布一行人終於登上了北美的巴哈馬群島中的聖薩爾瓦多島。之後，哥倫布又先後三次航行到了美洲沿岸，並且還進

第3章　消費經濟學：把錢用在「刀口」上

行了實地考察。於是，發現美洲新大陸第一人 —— 哥倫布就這樣成為了西方第一個發現新大陸的人。

當後來的人們知道哥倫布的航海成功之後，其實就已經掀開了一個全新的時代。那麼，又是什麼使得哥倫布就能產生如此強大的動力呢？

後來透過各種管道明白了： 原來哥倫布在無私的進行這項「壯舉」的背後，原來還隱藏著經濟方面的巨大動力。哥倫布透過八年的公關努力，在成功的那一刻，哥倫布也向國家提出了自己的經濟要求，而且他還與西班牙國王與王后簽訂了一個契約：「國王與王后對哥倫布發現的新大陸擁有宗主權； 哥倫布被封為貴族暨大西洋海軍元帥，被准許擔任未來所發現的島嶼和陸地的總督，而且這些頭銜都將世襲； 新發現土地上產品的百分之十歸哥倫布所有； 哥倫布也能參與新土地上所有的商業活動，投資和利潤占總額的八分之一； 而哥倫布對前往新大陸經商的船隻可以徵收百分之十的稅，對自己運往西班牙的貨物還要實行免稅政策。」

多麼全面的契約，同時也是一個改變了世界面貌的契約。由此可見，哥倫布所收穫到的除了名譽之外，還有更多的價值財富，這其中卻也包含著哥倫布八年的時間成本以及他的精力投入。所以，社會中的所有類似於哥倫布這樣的探險行為絕對不是無償的，而是存在著巨大的潛在利益。

　　之後，也就是在西元一五一九年的時候，當西班牙航海家麥哲倫開始進行自己的航海探險計畫時，西班牙國王也答應了要從其新發現的領土中，劃出二十分之一的領域賞給麥哲倫，而且還允許麥哲倫參與未來的土地開發。所以，看似簡單的遠航探險不僅可以給那些探險家們帶來許多的榮譽，還可以致富。

　　其實，這種契約完全是建立在各自的利益之上。因此，在歐洲的許多航海探險開始，探險家都非常注重每一次新發現。之後每發現的一塊新陸地、新島嶼，都會命名，而且還會及時將其劃入本國版圖。

　　而與之相反的還有鄭和下西洋，西元一四〇五年到西元一四三三年，鄭和所指揮的寶船船隊，大大小小共七次的英雄式遠航，幾乎遍及了周邊海域以及印度洋，從始發地臺灣到波斯灣，最遠的甚至到了非洲。要是按照哥倫布與麥哲倫那樣的功績進行計算的話，那麼現在的世界幾乎一半的領土已經屬於明朝了，再加上一支無敵的海軍部隊，如果只要是明朝想要，那麼另外的一半也許成為了明朝的勢力範圍。

　　因為當時人們的經濟觀念並不強烈，很多人都還不太清楚什麼是經濟繁榮，也不知道如何去最大範圍的爭取經濟累積，怎樣發展本國的經濟。所以，才沒有當時的鄭和也像其他功名成就的航海家們一樣和國王簽訂什麼協議，況且鄭和連同那些用來航海船隻基本上也都是屬於皇帝的私人所有，他的航海行

第3章　消費經濟學：把錢用在「刀口」上

為屬於一次帶有鮮明政治性的私人出巡。正因為如此，他才沒有發現新大陸，世界經濟史上也沒有鄭和，而只有哥倫布。鄭和下西洋的事蹟，留給後人的是津津樂道的故事，但讓後代子孫們銘記的，卻是必須努力學習的「哥倫布」語言和技術。

生活在在市場經濟的時代，任何經濟行為的開展都必須符合經濟學中的「成本收益分析原則」。當然，所有的貿易利益並不僅僅只是局限於經濟維度裡，而其中的所包含的政治、軍事以及文化等利益也是其中不可分割的一部分。但能讓我們牢牢把握的卻是，經濟利益是任何其他利益的基礎，具有非常大的潛在力量，同時也擁有者巨大的預期收益，只有這些的存在，就一定會有驚人的投入，也必定能創造出驚人的事業。

每天學點實用經濟學的筆記：

· 所謂的經濟利益其實就是其他所有利益的基礎，只有看到了巨大的預期和收益，才可能不斷大量投入，才能創造出驚人的經濟利潤。

· 不管是個人還是國家，一旦某種行為有著潛在的經濟價值，這種行為也就符合了「邊際利益大於邊際成本」的經濟學原理，也帶來了源源不斷的財富。

08 免費體驗賺了你什麼

第 4 章
婚戀中的經濟學：
你的幸福幾斤幾兩

　　每段看似簡單的情感背後，卻隱藏著深奧的經濟學理論。也許大家還在享受甜言蜜語的美好，或是沉浸於舉案齊眉、相敬如賓的感覺中的時候，並不曾靜心思考過什麼。不知道為什麼現在經濟水準提高，反而出現了如此多的剩男剩女？ 選擇婚姻的時候又為什麼總要強調「門當戶對」？ 而往往痴情的女子又為何偏偏遇到「花心男」等等，如此多的婚戀關係中到底蘊藏著怎樣的奧祕，就讓我們跟隨本章一起探索吧！

01「剩女剩男」是怎麼剩的

　　網路出現了許多的潮流新詞彙，其中就有剩男、剩女這樣的字眼。而其中對於剩女的解釋大概是這樣的： 剩女，指現代都市女性，她們絕大部分都擁有高學歷、高收入、高智商，因此擇偶要求相對都比較高，所以導致她們得不到理想的歸宿，而變成大齡女性； 而剩男從本質狀況上來說與剩女基本相似。

　　那麼，又為何在現在會出現如此多的剩男剩女？ 當我們按照詞典中的解釋探尋的時候，才突然發現，其實所謂的「剩男、剩女」背後，都站著一群優秀的男人與女人。他們中不乏有高學歷的律師、留學才子、記者、會計師、外商白領、銷售代表； 他們有想法，有品味，有原則，也有個性； 他們也不乏聰明與才智，也具有寬厚的胸懷與幽默的氣質； 他們其實擁有許多普通男性或者女性所不具有的優勢，但他們條件很高，所以他們難以屈就。他們寧可繼續等，也要找到屬於自己心靈深處的另一半。因為他們不會隨便找一個人陪伴自己一輩子，「寧缺毋濫」就成為了這些剩男剩女們的口頭禪。

　　經濟學家們曾經專門針對剩男剩女進行過一個調查，最後得出的結論就是： 大多數人會認為進入婚姻的門檻之後，所投入的機會成本太大。現代社會，一個優秀的職場人，他們所面臨的選擇很多，他們有很好的工作機會，經濟獨立，前程美

好，無須依賴男性，而一旦走進婚姻就意味著要放棄很多，或者投入更大的成本，於是有些不捨； 相比之下，單身反而會有更好報酬，他們也就選擇了繼續單身。社會提供給女性的工作與發展的機會越多，單身女子的群體就會不斷膨脹。而她們的事業心越強，越希望得到美好的情感，就越發的難以得到補償，如果期望值越高的話，婚姻就會變得更加不容易，從而形成一個惡性循環。那些選擇了事業的「剩男剩女」們，一般會出現較高的「沉沒成本」，這就使得婚姻的選擇更加困難。假如，一個女孩在大學愛上了一個人，於是她決定要追隨這個男生到天涯海角，這樣也就意味著她沒有沉沒成本，或者說成本很小； 但如果是一個好不容易站穩腳跟、又碰巧是可以承擔重任的女性，那麼她的沉沒成本就非常高，如果要她放棄事業去追隨愛情，也似乎需要付出更大的代價。除非她能收在愛情方面得到雙倍的收穫，也就是說另外的一種投資 —— 婚姻市場的報酬。總之，剩女們的事業心越強，越希望收穫愛情，就越能得到補償，但是如果期望值很高的話，婚姻就會變得很困難。

　　同樣的道理，與剩女的惜嫁存在一定差別的就是剩男的結婚成本。成年人的未婚比例越來越高，尤其是男性的未婚比例還在繼續上升。這也可能與男性數量原本就高於女性的原因，從而導致了男性的結婚成本越來越高，未婚比例也隨之增加。一旦有女方要求男方必須在都市有房有車，各方面的條件都要

優於女方，這是比較難的。而在一些傳統地區，因為女方要求聘金，這也是導致男性結婚成本增加的另一因素。

男性結婚成本的不斷增加，已屬於普遍現象。有業者調查指出，結婚平均費用已經接近五十萬左右，這個數目簡直讓普通民眾無法接受。就這還只是簡單的包括了請客、拍婚紗、度蜜月等小項目的計算，如果要加上買房、買車那就是筆不小的數字。在都市想買間房子，沒有年薪百萬連想都不要想了，所以年輕人想要順利結婚，如果沒有父母的資助是很困難的。

由於房價的過快飆升，使得許多男方家庭的消費得到了嚴重的抑制。從而使得其他消費累積越來越小，只有婚慶方面的資金消費所占比例較大。剩男剩女經濟的調查中，許多的女性開始後悔最初的選擇，或許是因為自己太過於注重事業或是與男方的差距，從何導致遲遲找不到中意的人，這讓她們甚為苦惱。而男性則因為高昂的聘金或是結婚時所需要的大筆資金投入顯得畏懼，他們害怕自己投入之後是否能有相應的收益，從而使得剩男越來越多。靠自己辛苦賺來的錢不是要了聘金就是留著結婚用，即使是在大都市裡面，也有許多擁有博士學位的人，僅僅為了一間房子而苦苦奮鬥的例子。這也給許多的男人、女人留下了很大的思考空間，同時也嚴重影響了整個經濟的消費率。

由此可知，「剩女」也是大都市的一種弊病，同時也是社

會的浮躁，城鄉與社會發展不協調的具體表現。而大量剩男的產生，也足以證明城鄉發展的割裂，以及傳統思想下重男輕女的觀念從未改變。如果城鄉之間存在的裂痕過大，社會必定變得更加浮躁，這樣長此以往的話，不但將會出現大量的剩女剩男，還可能會引發更多的社會問題。

每天學點實用經濟學的筆記：

- 有學者指出，「剩女」是大都市病，是社會浮躁，城鄉、社會發展不協調的體現。而大量剩男的產生，是城鄉發展割裂、傳統的重男輕女的觀念未改變的產物。如果城鄉裂痕加深，社會更加浮躁，不只會產生大量剩女剩男，還可能會引發諸多社會問題。
- 經濟學家曾指出，剩男剩女大都認為進入婚姻門檻的機會成本過大。

02 戀愛中的經濟原理

　　當我們今天站在經濟學的角度去解讀愛情的時候，也許會被人誤以為這是對愛情的褻瀆。但當我們有了愛情，卻沒了麵包的時候，又何以浪漫，何以溫柔？如果當生活所迫，我們是要空靈的精神世界，還是要實在的物質擁有，這也許就是很多

人口中的「世俗愛情」。

　　無論愛情是由於處於何種動機，都是一種經濟行為，愛情本身就是一種交易。從男女的生理需求出發，男人和女人彼此都是對方的所謂的「消費品」或者「客戶」，各人心中自有一把衡量的尺規，因為愛情總不會無緣無故的產生。而每人心中的尺規所衡量的對象分別是： 長相、身高、體重、學歷、職業、收入、地位、權利、財產、家庭背景等等。這裡有個比較搞笑的調查： 曾經針對二十至三十歲之間的漂亮女性進行過一個小測試，問她們願意嫁給豬八戒嗎？ 其中竟有少部分的人回答說：「願意，只要他有錢，而且年齡越大越好。」

　　如今，許多年輕人為了滿足物質需求，女性會嫁給年齡比自己大很多的男性、男性可能會選擇被與中年貴婦結為連理，因為這樣也許可以繼承一大筆財產。社會的變化，也使得更多的大齡男女捨得花錢去追求年輕、漂亮的面孔，有付出也就能得到相應的報酬。

　　其實戀愛的付出並不單出只是停留在感情上，戀愛也是需要付出經濟成本的。當然了，這裡所指的成本不單純的包括貨幣的顯性因素，它包括了一定的隱性成本。其次，戀愛所付出的成本也應該按照戀愛的目的以及程度具體對待。

　　用經濟學理論分析，無論是男孩還是女孩，花費自己太多的時間去戀愛一個對象，如果不能得到應有的報酬，所造成的

巨大損失無法用金錢衡量。戀愛中正因為沉沒成本的存在，往往會導致了相當一部分人不敢隨便談戀愛和結婚，這也許就是現在為什麼會出現那麼多的剩男剩女的原因吧！

在戀愛中，時間的價值顯得格外明顯，學生的蹺課約會、事業男女放棄工作的約會，往往浪費了學習資源或者工作而又急於結婚，為了和女友約會，為了早到幾分鐘，寧可放棄一筆大生意，而這時，這幾分鐘真可謂是「春宵一刻值千金」。

股市都會有風險，戀愛當然也一樣，一旦投資了愛情，就應該具有承擔風險的心理準備。因為資訊的不完整，往往會給人造成錯誤判斷的假象。也許這樣，愛情的沉沒成本就會降低，從而形成一定的戀愛風險；但也有很多時候，因為太過追求完整的資訊，反而造成了更大的經濟損失。

在兩個人的愛情世界，所表現出來的不完整資訊，並不見得就是件壞事。有時候的鏡中花、水中月更能讓人持續探尋其中的美好。而愛情程度的深淺把握主要取決於對方的最大需求，我們完全可以讓渡自己的商品，而不是讓渡自己的戀人，或許緊抓戀人的私有產權才是真正的獲利之道，而資訊完不完整也就是追尋彼此收益的次要環節。

每天學點實用經濟學的筆記：

· 戀愛同樣存在利益的權衡問題，而且也符合經濟學效用

中最大化的理論分析。戀愛也同樣是一種經濟理性的選擇，也是需要有一定的投入，包括時間、資金等，即兩人的交往費，還有其他方面的一些流動資金等。

· 經濟學中的基礎性經濟人支出，如果帶上經濟學原理去觀察現實生活中的愛情，就會發現一般愛情的主體人大都是自利的，而此處的自利並不是指傳統意義上嚴防第三者出現的愛情自私論，而是指經濟愛戀中的雙方首先會計算自己所投資的一本帳，其次才是利他經濟。

03 理性選擇： 門當戶對的婚姻

各種傳統的文學題材中經常出現的婚姻，講究的都是「門當戶對」，淒美的愛情往往正是反對門當戶對的結局。而即使是現代，我們選擇對象的時候，也基本上會按照門當戶對的原則選取，只是沒有營造出那麼強大的氣勢而已。就像一個乞丐難以碰觸到公主的裙子，而一個公主也不太可能下嫁給一個乞丐。

如果要說傳統的擇偶方式比較偏重於雙方家庭的經濟條件的話，那麼自主擇偶就會帶來婚姻匹配模式的改變。如果要把「門當戶對」理解成為個人與家庭雙方面的經濟匹配的話，那麼，相互匹配的婚姻結構也許就能降低離婚的風險。

世代遺留下來的「門當戶對」的婚姻原理，必定有其存在

的道理。也曾有經濟學家透過經濟學的角度理解門當戶對。而義大利的著名經濟學家帕累托（Vilfredo Pareto）則提出了非常著名的「八二法則」，因為他還有一項非常重要的理論，其實也就是資源的分配，即「帕累托最優」、「帕累托最佳」： 如果需要對於這種既定公共資源重新分配的話，至少可以讓兩個人的經濟狀況出現完全的變化，從而讓大家的狀況都發生一定的變化，這就是資源分配為帕累托最佳； 而一旦因為某種既定的資源分配狀態發生轉變，那麼，所有的帕累托最佳都不會存在，也就在這種狀態上，所有的改變都不可能使至少一個人的狀況變得更好，或者使其他任何人的狀況變得更差，這樣的資源分配狀態稱為帕累托最佳狀態。

此外，還有學者站在經濟學的角度提出了資源最佳化的婚配模式，實際上就是讓婚姻雙方都在最大限度上達到帕累托的最佳狀態。設計一個簡單的婚配模型： 如果男方的婚前生活品質設為 X，女方婚前的生活品質為設為 Y，婚後帶來的共同所得設為 M 的話，那麼他們共同擁有的資源，即婚後的所得就是 $(X+Y+M)/2$，可能出現的可能有以下兩種，分別是：

第一種： 如果男女雙方沒有選擇門當戶對的婚姻，即 X 與 Y 之間的差距較大，假設 X=3，Y=9，則婚後的各人所得即 $(3+9+M)/2$，當 M<6 時，婚後各人所得一定小於 9，此時 Y 的狀況就會越來越糟，那麼，女方就會對婚姻不滿； 當 M=6 時，

婚後各人所得也就等於 9，此時 X 得到帕累托最佳，Y 保持不變的話，至少 Y 對婚姻表現就是消極的。當 M>6 時，婚後各人所得依然等於 9，此時的 X、Y 都得到帕累托最佳，那麼男女雙方都比較滿意。所以，兩人的婚後所得至少要達到 6，這樣才能夠維持婚姻的美滿幸福。

第二種： 如果男女雙方選擇了門當戶對的婚姻，即 X=Y，那麼也就是說假設中的男女雙方婚前生活品質相等，那麼，只要 M>0，兩者基本都可以得到帕累托最佳，彼此滿意。而在這個模型中，M 是最有意思的常量，原來的一加一等於二，但因為有了常量 M，才不斷出現了婚姻的圍城。所以，M 的大小取決於負向搭配的成功與否，如果兩個都擁有較高的生活品質的人，那麼他們的結合會促使婚後二人生活的美滿，這樣就能實現個人效用的最大化，而若是與境況較差的人結合，這種效用就會不斷減少。因此，從整體上看，門當戶對的選擇還是非常符合經濟學原理。

所以說，婚姻需要的不僅是玫瑰，更需要食物與房子。戀愛的時候可以不談錢，但是選擇婚姻的時候一定需要經濟基礎。

現在普遍存在的想像，就是戀愛與婚姻一樣的勢利，許多男女追求門當戶對，這樣兩個人才能享受平等。這也許就是為什麼嫁給王子的平民王妃，最終都無法與王子白頭偕老的原因，為什麼那麼多嫁入豪門的女子無法體會真正的快樂，而灰

姑娘的故事也只是格林童話中的人物。

舉個很簡單的例子來說： 一位博士，娶了一個學歷不高的妻子。結婚之後，他們總是喜歡吵架。而每次的吵架男子總會嫌棄自己的老婆學歷低，而那位男子幾乎每次的抱怨都是這樣：「我博士畢業，怎麼就娶了她？」其實老婆對他很好，但他一直拿自己的老婆與別人比較，從而使得自己內心產生了很大的落差，導致了生活不和諧。

婚姻中的門當戶對，就像一座天秤，說白了其實也就是一種交易，男女相對，總是彼此在心裡衡量對方，對方也會以同樣的方式去衡量。

愛情是浪漫的，但婚姻也不是兒戲，婚姻是建立在現實的基礎之上。一切事物的存在必定有其存在的兩面性，即使是門當戶對的婚姻也有可能出現問題。總而言之，幸福的婚姻除了需要很多的外在條件之外，也需要更多的內在支撐，比如： 包容、理解、信任、關心等等。

每天學點實用經濟學的筆記：

· 其實門當戶對的婚姻，實際上就是一種經濟上相對平等的建立。想要維持一種長久而又穩定的婚姻關係，經濟上的平等也許是最為關鍵的因素之一。

· 戀愛也是滿足了交易的私有產權，因為作為戀愛的主體

　　── 男女雙方，必須保證二者絕對的私有，無論是錢財還有容貌等有形的東西，或者是主體所具有的特質或是才能等無形的東西，都屬於戀愛主體的個人私有財產，在沒有得到許可之前，其他任何人都是不能據為己有或是消費享用。

04 交易成本： 異地戀

　　作為相隔兩地的「牛郎」、「織女」般的戀人們，無疑是所有幸福中飽含些許苦楚的一對。用經濟學原理來分析異地戀的投入成本時，也許會讓更多的人，明白這場戀愛的背後到底牽扯著多少市場經濟的脈搏。

　　用經濟學理論進行分析： 第一個假設是就是人的理性化本質，第二個假設即是資源的稀缺性。當人們在面對稀缺資源時，最初的反應是什麼樣的？ 又該做出如何的選擇？ 怎樣才能達到資源利用效用的最大化，這些都是經濟學需要研究的關鍵問題。

　　這裡暫時先不談生活中所謂的愛情道德，而異地戀所包含的經濟學原理中既有沉沒成本的概念，也有機會成本和邊際收益的理論。此處所指的收益，並不單純的指經濟上的收益，而是指情感上的收益。同理，所謂的支出也不是單純經濟上的支

出，而是指精力和時間以及情感上的支出的總和，比如： 資訊的搜集、請客吃飯、戀人彼此之間的投入、尤其是相隔兩地的電話費就是一筆不小的開支。所以在異地戀的邊際收益是呈現逐漸遞增的態勢，也就是說總收益是遞增的，而且增加的速度也是遞增的。

隨著異地戀愛時間的推移，雙方得到了更為深刻了解，從而彼此之間失去了新鮮感； 也逐漸認識到了這樣的交往會產生高額的費用，所以，相應的時候，這樣的行為可能會得到一些收斂。當所謂的邊際收益大於零的時候，就可能不會呈現出遞增的狀態了。

當初在異地的男女雙方能夠預期中獲得自己的受益，他們就一定會繼續增加投入。這樣，也許會在未來的某個時候看到彼此遞增的收益，這就是邊際收益遞減。追加到最後，邊際收益為零，總收益達到最大。如果進一步追加投入，可能因為在學習、工作、生活中的精力不足而影響愛情，也許可能會使愛情的總收益減少。

試想一下，如果一個人的伴侶再也不會給對方驚喜，儘管還在交往，但是也可能會出現大打折扣的現象。這個現象會用另外的經濟學概念進行解釋 —— 沉沒成本。所謂沉沒成本，簡單的說就是不可以收回的成本，或者是根本無法透過收益來補償的一種成本。一旦其中的一方或者雙方決定分手，那麼這個

成本也就是無法收回，成本包含了金錢與一部分的青春。

由於沉沒成本的存在，就會使一些渴望愛情的人對未來不斷充滿畏懼，這樣的話，其中的她或者他總會在愛情中表現出患得患失，不能對愛情做出很大的犧牲，這也就是近幾年來越來越多的剩男剩女待娶與待嫁的原因，財產多的一方不得不考慮離婚的沉沒成本。

這個時候，也許會有人站出來問：「難道因為沉沒成本，就一定不會分手嗎？」當然也不一定，這其中也還存在著一定的原因，在彼此都還沒走進婚姻之前，愛情這個市場也許屬於一個壟斷競爭的市場，另外的對手還是很難進入這個市場。因為這其中還包含著一個機會成本的概念： 例如： 假設A除了B追求之外。還有另外的一個追求者C，那麼C就是A又一個機會成本。這時候A就不會做出痛苦的選擇，因為她所擁有的機會成本太大。

從上面的分析可以看出，如果將異地戀多產生的高額交易費用轉化為沉沒成本的話，愛情的主體雙方就必須認真思考和對方的關係，機會成本的存在也會使異地戀出現新的可能，資訊不對稱考驗了雙方的信任程度。所以禁得起異地考驗的愛情，最終往往比較美滿。儘管很多最佳的伴侶最終因為支付不起這麼高昂的費用各奔前程，但愛情不也也正因為這樣的痛苦和遺憾，才顯得更加珍貴嗎？

每天學點實用經濟學的筆記：

· 異地戀愛的經濟效率核心本身就蘊藏著無窮的智慧，效率低下，資源流動的速度也會相對的變慢，這種所謂的節省經濟也會隨著空間的拉遠而逐漸消失。

05 別把失戀埋心底

如果一直沉溺於失戀無法自拔，將會造成很大的損失，但根本不會有人計算其中的損失有多少。美國的著名經濟學家羅伯特・巴羅（Robert Barro）曾經說過：「我認為任何社會行為，包括愛情，都受經濟推理的支配。」

戀愛中的男女沉浸在浪漫的情懷中，有的甚至還沒來得及看清楚對方的真實面目，便已經飛蛾撲火般的沉溺；可是如果後來遭遇對方的背棄，就很難從失戀的陰影中走出來。

浪漫過後，所有的人最終還都要回歸理性與現實。經濟學，尤其對於那些初入社會的年輕男女來說，如果沒有及早的意識到戀愛所需要付出的各種成本，去盲目談一場沒有任何結果的愛情，隨著年齡的成長，所面臨的選擇機會也就會越來越少。

所有人的戀愛成本並不單純的局限於金錢，成本在愛情中無處不在。只是每一個身處戀愛中的當局者只是沒有看清經

濟成本的真實面目而已。其實就是透過引進成本概念，讓大家都明白愛情絕不是盲目地投入和產出。所以戀愛一定要掌握方法，努力將戀愛的成本控制在最低。

所有戀愛中的人們基本都需要付出機會成本。機會成本，是指做一個選擇後所喪失的不做該選擇而可能獲得的最大利益。簡單的說，就是指為了從事某件事情所放棄的其他價值。有些人一旦戀愛就想著天長地久，暫且不說這場戀愛值不值，僅就戀愛本身來說，越是急於求成，往往事與願違。

鑒於此，無論是遇見誰或者愛上誰，都可能在所謂的機會成本裡死死掙扎。如果不在乎這一原理，也許每一方所付出的機會成本也就會越多，即使悔青了腸子，也不能預期幸福； 而沉沒成本原指對已經發生、不可收回支出的一種統稱，如時間、金錢、精力等。

戀愛中的人們還需要付出一定的邊際成本，它的經濟學釋是指： 在任何產量水準上，增加一個單位產量所需要增加的薪資、原料以及燃料等變動成本。即邊際成本是每多生產一個產品，平均成本的增加量。細算的話，看看在馬不停蹄的戀愛中，究竟需要支付多少邊際成本。換一個交往對象，約會時需要新添置的數件新衣、熱戀期通訊費用的增加、頻繁約會的花費等等費用，都將是一筆不小的開支。

相對物質消費來說，精神消費成本也不容忽視。研究發

現，在戀愛的前半年時間內，大約百分之七十的人們，都會將自己的注意力轉移到新戀人身上，因此他的學習、工作都會受到很大的影響。因此，每當你開展一段新的戀情，邊際成本就會增加一次，這還不包括你因失戀而增加的邊際成本；更實際的是，這些額外的邊際成本正在吞噬著你的財富、精力還有青春，所以愛惜自己，要談對自己負責任的戀愛。

用經濟學談一場保值戀愛，並不是因為我們太過功利，只不過凡事先保護好自己，才會有能力去愛別人。總有一些成功者值得我們學習，要說明的一點就是還必須學習一些恰當的技巧。青春這場注定的沉沒成本，我們為什麼要全軍覆沒？勇敢的愛，不是心存僥倖。男女戀愛的交易，是所有人都無法規避的現實，那麼就應該知道見好就收的妙處，學會及時停損。

與其傾其所有的投入，還不如聰明的運用現有的資源，如果存在萬分之一的猶疑，即使只是一個念頭，也不要隨便放棄。盲目付出很難產生巨大的價值，但如果有人天生大膽、想要冒這個險，那也可以。

談戀愛有時候真的就像炒股票，普通的投資者往往都會是盲目追逐市場熱點，急急忙忙買進或者賣出，從來都不會對市場熱點深入剖析。而股神巴菲特卻能透過幾支股票，成功晉升為股神。

規避成本損失，其實最好的方法就是在投資之前做足功

課。無論是考試、求職,哪怕是戀愛、婚姻。對於人生來說,
都是一場投資,每個人都非常清楚自己想要什麼,能承受什麼;
也最了解對方的能力、性格與品質,做到胸有成竹,這也就是
所謂的知己知彼,百戰不殆。

　　戀愛這場投資,知彼並不是最困難的,難的是,你投入的
越多,越捨不得放手。在這個惡性循環裡,不會停損的人只會
讓自己損失更多。如果這個男人或者女人都已經不再愛你,無
論他多麼優秀,你也不值得再愛下去了; 但如果只是因為一些
小事放棄愛情,那你所有付出的成本都將血本無歸,今後再次
付出的代價將更加巨大,而且並不能保證一定有報酬。

每天學點實用經濟學的筆記:

- 需求與供給也是愛情經濟學中最基本的考慮方法,價格
  原本就是在供需平衡的條件下形成的,當需求增加的時
  候價格就會上漲,當需求減少的時候價格就會降低。
- 每個人都具有自己的比較優勢,因為具有,所以才要更
  加展現,以便於能夠抓住每一次機會。一旦人的收益比
  值越高,愛情的風險就會越大,這樣也就能夠在愛情經
  濟學中占有一定的優勢。每個人都必須勇敢的面對失戀
  的打擊,這樣才能以最好的姿態面對未來。

06 新婚燕爾，共奔「錢」程

對於一些剛結婚的小倆口來說，他們不但需要有足夠的經濟基礎來支撐這個新組建的家庭生活，同時也需要兩個人共同面對。而最為關鍵的問題是，結婚以後的兩個人應該面對理財觀念的不同，這也就意味著兩個人在今後的生活中，如何對家庭理財做到精打細算又能面面俱到，如何為創造幸福的家庭打下堅實的經濟基礎。

所以，自從結婚的那天起，新婚的年輕夫婦都應該明白：今後的日子到底該怎麼過？又該如何做到心往一處走，錢往一處花，讓家庭財富得到最佳化利用，這也是新婚理財的必修課。

新婚夫婦的男方李明磊，今年二十八歲，某軟體公司部門經理，月薪五萬元左右，年末還有額外的年終獎金八萬元； 妻子張亞靜，今年二十五歲，某小學教師，月薪三萬元左右，雙方公司均有基本福利及團保，因此他們都沒有辦理其他保險。此外，家庭還有定期存款十萬元，活期存款十萬元。目前所居住的房子是二十坪左右的兩房一廳格局，市價大概在三百萬左右，現在貸款餘額一百二十萬元，每月支出總共在五萬元左右。他們和很多「七年級」的年輕人一樣，也喜歡外出旅遊，幾乎每年都會安排一兩次的旅遊，兩人費用大概五萬元左右。

理財專家提出的理財計畫是： 首先二年之內先要生一個小

孩，同時購買轎車，價格大概控制在五十萬元左右； 其次就是在小孩出生之後，準備把老家的父母接來照顧小孩，家庭成員的增加，也就意味著現有的住房空間已經有些不足，之後很有可能會換一間三房兩廳的大房子。但從目前的經濟狀況考慮，似乎在換房時機上有點困難。

李明磊、張亞靜夫婦因為也是剛剛成立的小康家庭，處於家庭形成的初期，這個階段的財務特徵很明顯都屬於經濟獨立，因為儲蓄較少，但是他們的消費欲望卻不低，所以，接下來的生活裡他們需要面對的責任也將日益明顯。因為在未來的幾年裡，他們夫妻二人還將面臨著育兒、購車等各種家庭問題，開支也會逐漸增加。因此，如果要從家庭負債表出發的話，目前一定需要開源節流，以備今後的生活做好各種理財規劃。

專家提出的理財建議是： 因為流動資金作為一個家庭的緊急預備金是必不可少的，目前建議一般將家庭三到六個月的總開銷留做預備金。李明磊、張亞靜夫婦的流動資金為十二萬元，建議李明磊留八萬元左右作為家庭預備金，其餘四萬元可以適當進行其他方面的理財投資，增加資金的收益率。

新婚夫婦一定需要承擔起家庭的責任，所以夫妻二人一定要調整各自婚前的消費觀念，盡量減少不必要的消費。建議在二人世界階段生活開支最好保持在兩萬元之內，如此，每月就

可能節餘兩萬四千元左右。同時可考慮適當減少旅遊開支，或旅遊前做好功課，制定一套經濟的旅遊攻略，總之，一定要把每年出遊開支控制在兩萬元左右。

雖然李明磊現在一年後的累積的資金已經足夠購買一輛不錯的新車，但是考慮到小孩可能會在近一兩年內出生，到時候還可能要與父母同住，所以還將面臨著換大房等相關大額費用問題，完全可以考慮分期付款購車的方式，並且每月節餘的兩萬四千元再扣除基金定期定額，還有元節餘，應付車貸綽綽有餘，購車只需拿出積蓄的十六萬元左右就可以了。

至於李明磊夫婦換大房子的計畫，可以暫時緩一緩。因為根據目前這區域一間三房兩廳的房子三十坪左右，售價大概在五百萬元，裝潢需要五十萬元。目前在住房地產市價約三百萬元。因此他們如果在兩年內實現換房就會增加負擔，所以暫時可以先不考慮換房，等小孩到了三歲左右的時候，再適當考慮。

對於子女的教育、李明磊夫婦的養老規劃問題，也需要提前考慮一下。因為一旦李明磊他們家的小孩一出生，完全可以採取基金定期定額的方式。也有可能因為小孩出生後的日常開銷加大，而每月的基金定期定額就要降低到一萬元左右。假設以百分之八的基金平均年收益複利計算，那麼李明磊家的孩子還在讀小學時將獲得一百六十萬元左右的教育金。但是需要注意的是，他們每月定投的金額可根據不同時期做不同變動，靈

活掌握。

　　李明磊可以進行投資規劃，如果覺得自己的理財方式過於單一的話，只有一筆定期存款，無法滿足資產保值增值需要，建議把定期存款與每年年終獎等結餘資金一起進行理財分配。由於李明磊、張亞靜夫婦均沒有投資經驗，所以最好不要投資股票，可以選擇基金及收益穩定的銀行理財產品。在具體品種選擇上，考慮到李明磊、張亞靜的實際情況，資產分配方面可以用百分之五十的可投資資金購買股票型基金，百分之三十購買混合型及債券型基金，百分之二十購買銀行理財產品。投資方式可以為一次投入與定投相結合，長期堅持以獲得可觀收益並為將來的子女教育、換房、養老等提前做好準備。

　　此外，還應該根據自己家的實際情況進行一定的保險規劃。雖然兩人均有三險一金，但兩人均無商業保險，家庭保障顯然是不夠充分，所以要增加相關的商業保險。建議一般小家庭的保費最好控制在整個家庭收入的百分之十左右，而夫妻雙方的保額才可能獲得他們總收入的十倍。李明磊、張亞靜夫婦倆可以重點考慮補充壽險、重大傷病險和意外險等險種。因為李明磊作為家庭主要經濟支柱，所以就要擔負起整個家庭的責任，趁年輕還可為自己購買一份定期壽險，成本低，險額高。

　　最後，為了讓更多年輕夫婦都能夠過上幸福美滿的生活，特意為大家整理了幾條家庭理財小常識： 首先，新婚夫婦一定

要學會記帳；　其次，千萬不要讓自己的錢流失得不明不白；
再次減少不必要的開支與負債，一定要做到能省則省；　最後一
定要杜絕過度消費，合理利用信用卡，並且還要巧妙利用定期
定額投資，幫助實現自己的人生規劃，還有就是趁年輕的時候
為自己買一份合適的保險，能做到這幾方面的新婚夫婦，相信
今後的小日子一定能越過越好。

每天學點實用經濟學的筆記：

- ·　其實，新婚夫婦理財，最重要的不是理財的技巧，而是
　　培養正確的理財觀。夫妻二人的正確理財觀，不但有利
　　於他們建立正確的思考方式，而且也能夠使他們找對正
　　確的理財方向，掌握正確的理財方法。
- ·　對於剛邁入婚姻殿堂的新婚夫婦來講，他們將面臨各種
　　各樣的問題，所以，更應該及早的做好各種規劃。

07 花心經濟學

　　什麼是邊際效用遞減原理呢？ 實際上就是指一樣東西當你
擁有越多的時候，對你所產生的作用就越小，例如：　當一個人
餓了，吃第一個包子會覺得很香，第二個也很香，吃到第三個
或者第四個的時候就可能已經吃飽了，吃到第五個或是第六個

的時候，就已經有點撐著了，再繼續吃下去，就很有可能會噁心。也就是說這第六個包子的作用已經到了零，甚至是負值。

那麼這第六個包子就是邊際效用遞減現象中的主體。而在經濟學公理中，整個個體經濟學的支柱之一就是邊際效用遞減原理。因為邊際效用遞減，如果要從現在戀愛角度看，這就男人為什麼家有另一半，卻要在外面找小三的經濟學原則。

在經濟學的假設中，每個人都是理性的，人們所採取的每項行動都要先在自己心裡盤算一番。如果收益大於成本，這樣做就值得，才會繼續下一步的打算； 如果成本大於收益，那麼，當事人無論如何都不會行動。

如果，一位已婚的女子心中有了「紅杏出牆」的計畫，首先自己一定是經過了深思熟慮的，也必定進行了一番權衡。一般來說，已婚女子花心一旦被人發現，其所付出的成本是非常高昂。

對大部分人來說，即使是那些花心的人，都無法承受被戴綠帽，所以離婚也是不得已的選擇； 而離婚男女在世俗眼光中名聲都不太好，如果想要再重新找對象，就很難找到與自己年紀相仿的對象。除此之外，還有對子女的無限牽掛，這樣又無形中多了一份負擔與牽掛。

難道處於婚戀之中，就可以不講道德了嗎？ 相關經濟學假定，人都是追求利益最大化，經濟學中一條基本原則「收益越

高，風險越大」，當婚姻之中花心得到的收益變得很高的時候，離婚的可能性也就隨之變大了。

每天學點實用經濟學的筆記：

- 花心的問題完全可以用經濟學原理來解釋，即經濟學中的邊際效用遞減。它是指相同的享樂如果不斷的重複出現，就一定會使帶來的享受呈現逐漸遞減的現象，而由此可以生變出經濟學中比較著名的戈森第一定律，就是邊際效用遞減規律。

- 愛情本身就是一種維繫婚姻的投資要素，其實只需要仔細計算，就一定可以分析出投資的最大收益比。而在經濟學的假設中，大都追求「利益最大化」。當人們在採取一項行動時，如果收益大於成本，必定會考慮實施；而如果成本大於收益，相信也不會有那麼多人去做零成本交易。

08 離婚，難言的痛

「幸福的婚姻都是一樣的，不幸的婚姻各有各的不同。」預測婚姻解體的因素非常複雜，包括年齡、受教育水準、價值觀、家庭收入等，至今都沒有一個明確的定論。經過多年的研

究，發現導致婚姻繼續或解體的因素不是衝突本身，而是夫妻之間解決衝突的方法和能力。在成功的婚姻中，夫妻之間積極互動，其中包括讚美、鼓勵、支援以及存在的消極互動，包括譏笑、諷刺、挖苦的比例至少為五比一。休斯頓等人對新婚夫婦的縱向研究也發現： 痛苦和爭吵並不能預測離婚，真正能夠預測婚姻危機的因素是夫妻之間的冷漠、以及彼此間內心的無助。

所有夫婦考慮到，他們一旦離婚，就需要面臨一系列問題，包括經濟糾紛、孩子的撫養問題、心理適應、親密情感的喪失、以及某些重要家庭關係和社會關係的中斷等等。

如今世界經濟高速發展，物質文明大幅度提高，生活水準好過以往任何時期，為何離婚的趨勢反倒越來越高？ 導致現在如此大的離婚潮的，除了一些常規原因之外，還隱藏著一些讓人難以想像的幕後推手。

其實許多最終導致離婚的原因，其中因為「感情不和」離婚的人最多，其所占比例達到了百分之二十五點五十三； 其次就是「家庭糾紛」與「兩地分居」，比例分別為百分之零九十五和百分之零點五十一； 而一向為世人詬病的「第三者插足」，導致離婚的比例卻很小，僅占百分之零點三十九。

除此之外還有做家事的忽視，在過去，夫妻雙方一般都是雙薪、家庭地位平等。而現在，許多人因為離職後找不到工

作，只能回家當家管。可惜家管被世俗認為是沒什麼價值的，只有在外面賺錢的那種勞動才有價值，因此夫妻間就有了價值觀上的矛盾，家庭地位上有了主從的分化。這種分化，能夠接受的夫婦可能還會相安無事，不能接受的就會爭吵不休，直至感情破裂。

現在許多人「閃婚閃離」，大概總結出了以下五個方面原因： 第一，追求浪漫。這種人會在很短的時間內墜入愛河，但是結婚後卻發現原來彼此之間還存在很多問題，而雙方有都不能彼此忍讓，結果越來越糟； 第二，就是過度的追求物質享受，不是家境富裕或豪門就不娶、不嫁。結果如願以償的結婚之後才深刻意識到，缺乏愛情的婚姻，即使有金錢為伴也是一種莫大的折磨； 第三，許多人因為對自己的情感不確定，就連自己有時候都不清楚自己到底想要什麼，而從小到大的所有事情幾乎都是父母包辦，甚至少數在選對象的事情上也基本由父母決定。而等到成熟之後，才發現原來自己的另一半並非自己理想中的最佳伴侶，很容易移情別戀； 第四，性意識淡薄，根本就不知道什麼是夫妻間的忠誠，不少人在婚後卻仍然放縱自己，甚至依然與不同的舊愛、新歡曖昧不清，這也是導致離婚的原因之一。

有些人婚姻意識淡薄，視離婚為遊戲，於是「不行就離」也就成了一些夫婦的口頭禪。而「不行就趕快離，趁年輕還能

再找一個」，也就成了一些父母的口頭禪。

　　現在許多人鬧離婚，從表面來看，似乎是出現在年輕男女之間的問題，其實，仔細一研究，原因大多數都與父母早期的教育存在著密不可分的關係。譬如： 許多孩子基本都是獨生子女，而獨生子女身上所具有的特質，大都是在他們的孩提時代被自己的父母溺愛所造成。

　　試想之前的兩個完全不同的個體，突然就被婚姻聯繫在了一起，或多或少會產生一些矛盾，有矛盾是不可避免的，但是也不至於非得以親手破壞自己辛苦搭建起來的小家為代價吧？可以，即使婚姻中的彼此都已經覺得無所謂了，在離婚的判決中成了贏者，然而，最後的最後，到底贏了什麼？ 是自由的幸福，還是孩子甜美的微笑？ 這也許是許多離婚者們更應該靜心思考的問題。

每天學點實用經濟學的筆記：

- · 一個不容置疑的結論是： 親密而持久的婚姻關係是幸福生活的標誌之一，希望我們不要因為「活得長久了，但愛卻變短了」。一個深入而長久的親密依戀關係很難快速分離，情感分離和離婚順應都需要一個過程。

- · 許多人生活能力不足，婚後不會做家事、過日子不會精打細算，「月光族」卻成了普遍現象，大都缺乏包容

心。過去在溺愛中長大，父母面前他們從來都是說一不
二，婚後又都想讓對方屈服於自己，芝麻小事也要分出
高低。

08 離婚，難言的痛

第 5 章
住房中的經濟學：
怎麼舒服怎麼住

　　隨著社會經濟的快速發展，越來越多的人都已經不再滿足於簡單的「食、衣、住、行」，他們在基本需求一步步完善的基礎上，逐漸開始追求更高品質的擁有與享受。而目前的住房經濟已經成為民眾街頭巷尾熱議的話題，但是他們只是看到了表面的住房的價格，卻不明白為什麼房價會高得如此離譜，成為許多民眾不能承受之重？也不清楚為什麼現在的年輕人居然會因為沒有房子，放棄一段真摯的愛情？而在買房與租房之間，究竟該如何抉擇才是最明智的選擇？

01 杜拜的泡沫不會破嗎

對於近幾年的杜拜泡沫問題，已經不再是什麼新鮮的事情。作為少數壟斷者狂熱以及眾星捧月式的鼓動，從而造成的經濟泡沫，主要來自於房地產泡沫以及過度的金融投機，其最終釀成的金融債務危機使得杜拜的泡沫經濟快速破滅。

目前，全世界經濟貿易已經國際化，尤其是以美元為主導的世界經貿體系受美國經濟影響最大。而杜拜債務存在的違約風險，也就意味著金融危機並沒有結束，類似於杜拜的房地產泡沫和金融泡沫的爆破危機，在全球幾乎隨處可見。而且，舊的泡沫還沒有處理乾淨，新的泡沫又迅速聚攏。由於全球存在太多的刺激經濟方案，熱錢氾濫讓金融市場快速復活，但當各地政府撤資時，熱錢的泡沫又可能破裂，實體經濟也很有可能遭受到巨大的衝擊，投資者也應該提高風險意識，當局政府也應該盡可能未雨綢繆。

杜拜作為剛剛崛起於沙漠之上的繁華都市，也有著一番雄心壯志，想要打造成為世界級的觀光與金融中心，而波斯灣地區充足的石油以及美元都將在杜拜聚集，從而讓杜拜的金融、貿易、旅遊以及房地產飛速發展。許多外國人不斷湧入杜拜，其中不乏有好萊塢的電影巨星、體育界的著名球星等，許多名人都已經拋鉅資到杜拜購置房地產，一時間竟引來了無數的億

萬富翁。而隨著全球金融危機的到來，那些過度依賴外資的杜拜竟然顯得黯然失色，隨之而來的就是金融地產泡沫的迅速破裂，因此造成了多人的財富大幅縮水，甚至出現了嚴重的負債問題。

整個杜拜政府的欠債竟然也已經達到了八百億美元，這也就意味著杜拜已經占了超過一半的欠債。因而使得杜拜世界的違約交易上升達到世界最高水準，因此就讓杜拜成為全球第六個最有可能破產的國家投資公司。杜拜世界的債權人，包括匯豐控股、巴克萊、萊斯和蘇格蘭皇家銀行等。一旦杜拜破產，將對全球金融市場造成很大的衝擊，讓尚未擺脫金融危機陰影的世界重新陷入困境之中。

杜拜危機並沒有徹底結束，不管是政府還是廣大民眾，都應保持警惕。近年來杜拜大舉投入國際金融業，在金融危機持續的影響下，杜拜的投資就已經出現了嚴重的虧損，這就已經給債務危機埋下了深深的隱患。而就在二〇〇七年的時候，「杜拜世界」居然已經斥資達到了五十一億美元，其中購入美國娛樂業巨頭米高梅公司就將近百分之十的股份。後來，米高梅的股價也一度由當時的八十四美元降到了十六點八美元。此外，杜拜其他投資公司花費近三十億美元購入了德意志銀行和渣打銀行的股份，但後來在金融危機的充斥下，這兩家銀行的股價也出現了大幅縮水的現象。

除此之外，杜拜在執行本國貨幣與美元掛鉤的政策，相當於把杜拜的債務危機推上了另外更危險的境地，無異於「火上澆油」。從二〇一〇年到二〇一一年期間，美元的貶值導致了杜拜與波斯灣地區的物價快速飆漲，通貨膨脹率連續數月高達兩位數。美元的貶值則造成了杜拜經濟的衰退，這基本上充當了此次債務危機的「幫凶」。

而除了國家建設銀行還在進行調查統計之外，其他幾家大型上市銀行與相關投資機構基本都表示幾乎不再持有杜拜債務。

事實上，杜拜債務危機的發生，也導致了美元匯率成為全球關注的焦點。因為美元依舊是世界經濟最基本的價值評價體系，而美元走勢的變化與否實際上也是衡量杜拜危機影響程度的主要指標。專家們普遍認為，美元可能會在短期內出現反彈，但長期來看美元匯率貶值趨勢是不會出現轉機的。鑒於美元匯率貶值是一個長期趨勢，幣值也應該採取積極的補救措施，以便能在有效的時間內抵消部分當前國際資源和能源價格高漲的影響。

但是目前也有觀點認為： 美元匯率貶值總是可能為幣值資產的升值帶來一定的影響，而對於外匯的儲備問題，最關鍵的問題在於收益率是否高於美元的資產通貨膨脹率，能夠成為一項成功的投資項目。

由於目前的經濟出現了世界性的復甦跡象，從而讓更多的

金融人士所擔心的金融系統全面崩潰的情況不但暫時還沒有出現，反而使得全球股票市場出現了強勁上漲的趨勢。而杜拜的債務違約風險，更不應該對全球金融或者經濟前景產生過度樂觀的心態。而且，全球經濟復甦基礎脆弱，不足以承受退市政策的後果，但越晚退市，金融泡沫滋生的風險就可能越大。

每天學點實用經濟學的筆記：

- 對於美元匯率出現的貶值狀況，不僅是美國發展新能源以及低碳經濟技術發展所需的產品策略調整，同時美元的貶值也可能使美元指數達到一個相對較低的水準，這樣就能使全球的資源以及能源價格處在一個較高的價格水準之上，低碳經濟技術以及相關產品才能更有市場。

- 歐美很有可能成為第二波金融衝擊下的犧牲品，因為高失業率會帶來嚴重的信用卡拖欠，其潛藏的危機絕對不亞於杜拜的經濟泡沫。

- 因為全球的經濟復甦基礎較為薄弱，所以，暫時還不足以承受退市政策的後果。如果退市推遲的話，金融泡沫滋生的風險就會越來越大。

02 社會住宅： 安得廣廈千萬間

「安得廣廈千萬間，大庇天下寒士俱歡顏，風雨不動安如山！」這是盛唐時代偉大的現實主義詩人杜甫的千古絕唱——〈茅屋為秋風所破歌〉中的詩句。

西元七五九年暮冬時分，杜甫為避安史之亂，不幸流亡到了成都。第二年春天，杜甫在朋友的幫助下，在風景秀麗的浣花溪畔為自己蓋起了一座小小的茅屋。當時的杜甫看著那間屬於自己的茅屋，流露出的是無限的喜悅。他居住了四年有餘，曾創下詩作兩百四十餘篇。誰知天有不測風雲，在一個深秋的夜晚，風雨大作，屋破雨漏，而當時的杜甫長夜難眠，於杜甫起身提筆，寫下這一名作。而當時的杜甫潦倒至極，然而在詩中，卻依然表現出了自己雖然身處逆境卻心念天下黎民的寬廣胸懷。讓杜甫沒有想到的是，他自傷貧困時的一句詩，卻成為了一千多年後現實生活的真實寫照。

社會住宅目前房價離譜上漲，其主要依賴於房地產的剛性需求。很顯然，這也是「經濟學家」對現代經濟學的一種獨特貢獻。剛性需求（Inelastic demand）究竟是什麼，簡單的舉個例子，未來將會有許多土地被徵收，土地被徵收的住戶就會有住房需求，這就是所謂的剛性需求。因為剛性需求的存在，所以導致了房價快速成長。凡是懂點經濟學常識的人都知道，

第 5 章　住房中的經濟學：怎麼舒服怎麼住

經濟學裡所講的需求，不僅是有效需求、真實需求，而且也是在「預算」的約束中具有一定的需求。

高昂的房價直接影響了人們的生活品質，用一個最直觀也最簡單的例子解釋一下剛性需求的原理：不知道這個世界有多少的愛情，因為高昂的房價而早早夭折。雖然這兩者從表面來看，似乎並不存在直接的關係，但不可否認的是，結婚總得有個安身的地方。

然而，一間房子的價格對於年輕人來說，可謂是天文數字；再者，人們的生活除了住房之外，還有孩子的教育問題與老人的養老問題，這兩者都需要有一定的經濟儲備，所以人們不可能把錢全都存到房子裡。在這樣的情況下，人們對社會住宅的渴求就不難理解。

而人們常常提到的「社會住宅」，其實主要就是那些由政府投資興建或收購的，具有一定的限定建設標準、供應物件以及銷售價格或者租金標準，具有保障性質和特定用途的住房。社會住宅與市場上的房屋相比，一個是公益性住房，一個則是盈利性房屋，有著本質上的差別。對民眾而言，社會住宅相對來說要比房屋更便宜、更實惠。

事實上，十多年前的住房改革中，社會住宅就已經占據了主要地位，但由於其他各種原因的存在，它一直處於房地產領域的邊緣。現在，房地產已經甘當了十多年配角的社會住宅，

終於等來了「變換角色」的時刻。

目前，由於各地政府都在大力推進所謂的社會住宅，其建設力度也得到了更強的鞏固。這些政策足以表明買不起房屋的民眾，更希望借助社會住宅來滿足自己最基本的生活需求，從而達到實現自己那並不奢華住房夢。相信伴隨著社會住宅的進一步推廣，「廣廈千萬間，民眾俱歡顏」的夢想，也一定能夠早日實現。

每天學點實用經濟學的筆記：

· 對「食衣住行」四大生活基礎來說，住房顯得尤為重要。近十幾年來房價一路飆升，不僅給民眾生活帶來了沉重的負擔。推廣社會住宅，必將逐漸緩解「住房難」的問題，從而讓更多的民眾實現買房夢。

03 房子比愛情價更高

高的離譜的房價實在讓一般小資無法承受，即使辛辛苦苦湊足了頭期款，但是每年每月需要支付的貸款也讓普通民眾難以承受。

現實面前，誰也不能隨便。兩個人的生活，如果沒有房子，那將如何繼續以後的日子？選擇與家人同住，這樣後續

的矛盾可能會更多，婆媳之間的矛盾就容易出現並且很有可能
會惡化。如果有了小孩子還仍舊租房，日後家裡的開銷就會更
大。生活裡的各種瑣碎的事情都很有可能被放大，家庭成員之
間的爭吵也就可能會變得越來越多。

　　都市裡生活的年輕人要想結婚，一套最普通的婚房至少也
得三百萬以上。那麼，對於那些畢業不久的年輕人來說，微薄
的薪資勉強維持自己的基本生活開銷，即使一些比較節儉的年
輕人，依靠自己省吃儉用存下來的錢，也不夠頭期款的十分之
一，那麼對於那些已經有了多年感情累積的年輕人來說，買不
起房是否也就意味著無法結婚？ 當然，也有不先買房子就結
婚，之後又非常幸福的例子。

　　欣妤二十五歲，結婚兩年，她與老公結婚的時候也沒有買
房子，只是在外面租了一間約有六坪的小屋子。現在他們的生
活雖然拮据一些，但他們一直彼此相愛，每天小倆口都是有說
有笑，在工作上也是相互鼓勵。他們馬上就可以拿到自己家的
鑰匙了，正是因為兩個人一起的堅持，終於買到了他們自己的
房子。

　　其實房子只不過是愛情的一件附屬品，而沒有愛情的婚房
還不如一間充滿愛情的出租屋。金錢只是精緻的包裝，裡面如
果沒有豐富的內容，再華美的包裝也會失去意義。

　　衡量愛情與物質的標準完全不同，愛情到最後其實就是一

種真正的追求,而物質則是一個人本身所需要的一種附屬品。

每天學點實用經濟學的筆記:

· 高房價不是單純由建商來決定,它與市場控制也有密切的關係。

04 打壓房價對誰有好處

　　最近幾十年來政府連續發布了一系列居住正義打壓房價的相關政策,確實讓房價有所緩和,然而這只是短暫的。這些政策並沒有增加房子的供應量,而是一味抑制需求。人們對住房的需求並沒有消失,只是暫時受到新政抑制,而放棄當前的買房計畫。這些新政增加了購房的成本,才降低了當前的成交量。然而,不管政策力度如何大,只要供應量短缺,房價始終還是會上漲。

　　由於政府對房地產市場過多干預,從而造成了很多的不確定性因素。無論是打壓房價,還是救市,都對房地產市場產生了相當大的破壞。隨機應變的政策,完全不利於房地產市場健康的發展,並且還鼓勵人們不斷進行投機活動。政府又頻頻出來干預市場,這樣就更容易導致房價的暴漲暴跌了。而房地產市場上的控制不及時,出現的房價暴漲暴跌,對普通民眾的生

活不會帶來任何的好處。

　　打壓房價並不能真正解決問題，反而會出現扭曲市場訊號的可能。可以說，新政的發布是遠離市場經濟，倒退計畫經濟的舉措。真正好的政府應該以保護市場機制為前提，而不是破壞。市場本來就是一隻無形的手，但是房地產市場卻是一隻有形的手。

　　房地產市場如果沒有從根本改變供應量，只是抑制需求，那麼永遠都無法解決問題。這種做法就跟堵水是同樣的道理，政策越多，房價的波動就可能越大，而房價所出現的暴漲暴跌只會給那些炒家們提供機會。

　　簡單的說，誰最先得到消息，誰就可以賺到更多的錢。要是有人能夠在嚴厲打壓政策發布之前得到消息，那麼這部分人就可以及時拋售房子，從而可以避免因房價暴跌而帶來的巨大損失。及時抄底後又可以大賺一筆，因此，打壓房價並沒能讓普通的民眾從中受益，而是被那些少數的投資客逮了個正著。

　　如果按照規定嚴格執行新政，房價肯定是下跌的，甚至出現暴跌。而暴跌之後的房市，必然就會暴漲。至於什麼時候會暴漲，我們的判斷永遠比不上政府。

　　近年來，由於房地產市場存在的諸多問題，政府也一批又一批的發布了相關的政策，意在穩定房價，促進房地產業的健康發展，但卻很難發揮效用或者效果不是很明顯。這究竟是為

什麼？一些政府所追求的土地財政有一個非常鮮明的原因，然而這一原因卻很少被人提及，那就是房地產領域中民營經濟所唱的「主角」戲。

房地產業的「造富效應」也已經明確表示，房地產建商永遠都是高房價的最大受益者。很早就已經有相關論者明確指出，房地產建商作為一股新興的經濟力量，從一開始就有很強的集團意識，他們自覺達成價格同盟，聯手抬高房價，獲取高額壟斷利潤，從而使房地產業成為一個暴利產業。

也曾有相關的房地產評論家認為，房地產就已經進入了由建商自主決定市場、自由定價狀態。伴隨著住房需求不斷釋放，房地產開始成長繁榮，而各地的大房地產企業也開始在利益最大化的共同追求中默契配合，漸漸結成合作關係。

而所謂的價格同盟「定價策略」就是指：幾乎所有的新樓房房地產，都會以周邊已售或待售房價作為定價參照，相互競價。而所有的房地產公司正是依靠這種價格同盟形成了一定的壟斷地位，取得了遠遠高於生產成本的超額壟斷利潤。

其實，在所謂的房地產博弈中，建商本身就是一個發育程度最高的利益主體，也是最早的以自覺意識甚至集體的力量，影響政府政策與社會風向的一個群體組織。事實上，那些實力雄厚的建商透過一定的廣告投放等經濟手段，對各類媒體進行著基本上的滲透與控制。他們或親自登台，或僱用一些學者或

是專家，他們巧舌如簀，混淆視聽，有的甚至可能會利用媒體公開與政策唱反調，竭盡全力為自己營造有利的社會輿論。尤其需要注意的是：建商主要是出於追求自己的利潤最大化，所以私營的建商是絕對不會像國有企業那樣執行政府的整體控制政策。相反，他們為了牟取暴利，可能會不擇手段抵制，這樣就可能導致政府在穩定房價方面的努力付諸東流。

　　由於住房是居民生活的基礎必需品之一，所以政府就有責任保障民眾的基本生活需求。從這點出發，住房本身就具有一定的公共屬性，所以改善性住房本身也是居民的自主選擇行為，從這個意義出發，它又具有一定的消費品屬性；而在市場經濟條件下，房地產還屬於一種投資品，具有一定的資產保值與增值的功能。因此，房地產具有一定的多重屬性，由此可以得出，房地產存在著一定的市場化屬性。故而，政府在住房供應上是絕對不能缺席的。國有房地產企業也應該積極發揮平抑房價的作用，因為在房地產業，國有企業不是多了，而是太少、太無力了。

每天學點實用經濟學的筆記：

· 政府也存在一定的間歇性，它不具有連續打壓的特點。政府打壓房價，最大的受益者就是一些具有剛性需求而且手頭有寬裕資金的人。

> · 經濟發展的結果之一就是房地產的增值，在現有模式下
> 經濟發展的大部分好處沒有被大多數民眾分享，而是被
> 少數人透過改房獲取多間住房，以及房地產投資、投機
> 的方式據為己有。

05 房價不能承受之重

大蒜的瘋狂漲價，也更多的民眾無法接受，那麼再看看房子的瘋狂漲價，更讓人無法承受。相對而言，哪個更值得大家關注，更讓人心生畏懼？ 大蒜的可有可無，讓我們更加清楚了自己需要的是什麼？ 大蒜貴了，我可以選擇少吃或者不吃；可是房子貴了，我能選擇不住嗎？ 不能吧！ 總不能露宿街頭吧？

過高的房價到目前再也不是單純的經濟問題了，它將帶來一系列的社會問題。房價的不斷高漲不但加劇了社會分化，住房消也費成為貧富分化最集中、最突出的領域。

投資客樓房隨著房價的不斷漲升，居住地域和居住水準普遍存在明顯的差距，出現了所謂的「富人區」，尤其在一些都市表現尤為突出。一般情況下，大都是富人住市中心，房地產已經成為了一個人身分以及財富的象徵，正在不斷加劇貧富差距。

高額的房價嚴重制約著居民的所有消費水準。目前現行的

高房價以及嚴重透支了購房者的未來收入，同時也惡化了現實與潛在購房人群的收支預期，這樣的經濟現象完全不利於當前與今後的消費擴大。正是因為高房價的存在，才不斷「擠占」了居民的潛在消費能力，這樣如果一直持續下去，很有可能會導致幾代人的消費水準全面下降。

有銀行進行了問卷調查，其最終的結果顯示：其中有百分之六十五點二的居民認為當前的房價太高，難以接受，而百分之四十三點一的居民則在自行安排支出的時候選擇了合理儲蓄。正是因為目前房價收入比超出合理承受範圍，百分之八十五的家庭無力買房屋。

房地產業的畸形發展潛藏著巨大的經濟風險。而房地產業發展方式也並不是非常的健康，房地產業積聚著很大的風險。居民的住房消費觀念錯位使得住房制度改革之後，居民的住房消費觀念發生了很大的變化，越來越多的人開始追求高級設施和豪華裝修，與收入水準極不相稱。

而住房消費模式相對比較超前，所以，住房制度改革和住房信貸政策的開放，卻是讓許多民眾圓了自己的住房夢，即使手裡僅有五十萬元也都能買房。此外還有一些工作不久，幾乎沒有多少積蓄的年輕人也加入到了買房者的行列，他們買房的錢大都是來自於銀行貸款。

事實上那些小資族，他們所面對的基本都是完全被市場化

的住房租賃市場，既買不起房屋，又租不到低廉的房子，但這種消費模式從根本上來說，主要還是靠銀行貸款來支撐，所以其中也蘊藏著巨大的金融風險。

正是因為房地產投資以及投機過熱，隨著房價的一路飆升，越來越多的人把住房視為一種投資，大量的資金湧入地產業，房價被一炒再炒，越炒越高，甚至出現了嚴重的堆積泡沫。一些都市的樓房，自住性購房只才僅僅占了一半多，其中大約百分之三十～百分之五十的房地產為投資或投機性購房。在許多大都市的社區裡，大量已售的房屋中其實根本沒有人居住，大都空置在那裡待價而沽，正是這些炒房資金在不斷推高房價。房地產業的超高利潤率，導致許多資本偏離主業，紛紛投入到了這一領域，大家都想從中分得一杯羹。而銀行的介入也導致了貸款比例的加重，因此就出現了流向其他產業的金融資源嚴重不足，這對於整體經濟的發展存在著一定的制約因素。

每天學點實用經濟學的筆記：

· 住房作為一種消費品，也是一種投資品，近年來，這種觀念早已深入人心。因為此前的一段時期內房地產的投資品特性遠遠超過了它本身具有的消費品性質，從而使得房地產市場充滿了投機氣氛，導致房價在短期內上漲過快。

．鑒於建商的資金壓力過大，從而造成了降價銷售的動力強化，由於房地產的存量不斷增加。因此房價也跟著出現下調，引發了一定的需求釋放、成交量上升，實際上這輪市場反彈是由自住型需求推動，體現了住房的消費品特性。

06 漲是苦，跌也是苦

政府特別強調必須嚴屬打壓房地產價格，以便能夠有效擠壓房地產泡沫，以便透過此舉措壓低房價解決更多民眾買房貴、住房難的問題。往往都是事與願違，半年時間過去了，房地產價格不但沒有被打壓下去，反而出現了一定的反彈，急速上漲了。

可是政府為什麼總是三令五申的要打壓房價，而市場上的房價卻又往往與相關口號背道而馳，不降反升？相關經濟學專家也曾對這一現象進行過深入的研究分析： 由於目前通貨膨脹的形勢較為嚴峻，居民的日常消費品與資源性產品大都出現了漲價現象，其幅度基本控制在百分之二十以上。物價上漲，銀行卻拒不加息，使民眾儲蓄出現了負利率，存四萬元一年就要虧損五百元。這種通膨形勢和銀行存款的負利率，使更多的民眾出現了貨幣貶值的恐慌心理，他們紛紛購買一些可以保值

或是增值的物品，例如房地產，這基本是大家的首選商品。這樣一來，房地產的市場需求量就會越來越旺，房價也就漲的越來越高。

此外，地方政府高價賣地的衝動也是抬高房價的另一原因。現在地方財政普遍困難，政府官員要想謀發展上政績，必須把眼光調整在土地資源上，一旦有可開發的土地，就會很快的抬出高價錢出售，因此也就催生出了所謂的地王，因此可以推出更高的房價。

一旦房地產業在短期內很熱門，就可能成為地方經濟成長的主導產業，不僅可以帶動建材、家電、家具等相關二十多個產業發展。地方政府如果想加快發展，勇創政績，還必然用心推動房地產業的快速發展，以此不斷擴大消費，便於更快的提升 GDP 總量，加快地方經濟的發展與繁榮。所以中央政府如果想打壓房地產，地方政府首先一定會從自身的政績利益出發。

可以說房地產業屬於高利、暴利產業，諸多的上市公司基本紛紛進駐，這樣就形成了一個龐大的利益集團。這些企業從自身謀利的角度出發，希望發展繁榮，根本不接受打壓房地產業的國家政策，往往對中央政策表裡不一，表面執行，背後卻不以為然，因此就出現了房地產業的不斷膨脹。

近幾年，政府不斷採取積極的財政政策以及寬鬆的貨幣政策，不但導致了投資規模的壯大，同時也使得信貸額度急劇膨

脹。而銀行裡的大部分貸款基本都流向了房地產業，如果政府打擊房價，房地產業一旦萎縮就可能滋生出大量的銀行呆帳或者存在一定的經營風險，銀行業並不想得到這樣的結果，從心底裡也不會接受如此的房價組合政策。因此說是現在的房地產業綁架了銀行，也綁架了地方政府。

因為政府在控制房價上既不能越位也不能缺席，所以，房價調節也就成為了一種市場行為，是市場上的供需關係決定商品價格，這是價值規律的題中之意。政府強行打壓房價是越界行為是計畫經濟的慣用手法，效果肯定不理想。

政府在控制房價面前不能強行干預，卻應該扎扎實實做好三件事，做到既不越位也不缺席。對於多套購房以及投機購房炒作的行為，政府應該實行嚴密的累進稅率政策，讓投資客有心買房，卻因為繳不起高價稅而放棄炒房，這樣才能從根本上打擊投資客們的投機行為。

從一定程度上來看，政府還應該規劃一些平價土地，便於興建社會住宅，以滿足更多民眾的住房需求。只有增加了市場的住房供應量，才能從根本上抑制房價的上揚。一旦房屋市場的需求量下跌，建商再想以高價出售房屋也就沒有希望了，房價在供需關係的控制下也能有所下降。

綜合上述觀點可以看出：房價虛高是社會上兩極分化的集中反映，富人太富占有大量的社會財富，在物價上漲的形勢下

大量搶購房地產以求保值和炒作增值，房價太高也正是這幫富人抬起來的。窮人的購買力僅僅維持生計，房價再降也是買不起房子的。

　　總而言之，政府一定要加緊改革，盡早解決分配不公和貧富不均兩極分化的問題。在市場經濟的條件下，用不同的管道解決不同人群的住房需求，各得其所，才能在市場上回歸真實的房價。

每天學點實用經濟學的筆記：

- 每年都會有大量的資金投入到了房地產領域，但是相應的減小了貨幣大量流入社會的風險，而且可以利用房地產來提高 GDP，發展經濟，但是後果卻導致了房地產的泡沫越來越大。

- 建商要賣出房子才能有收入，如果不能付貸款，資金鏈就會斷裂。利息是可怕的，如果銀行加息，建商的還款壓力就會上升，就可能打折銷售。收入永遠等於價格 ×賣出數量，而高價格卻一定導致低銷量。

07 巧用房貸，房奴變房主

　　二〇〇七年以後，次級房貸風暴讓強大的美國經濟陷入了增速減緩的困境，甚至面臨著嚴重的經濟危機。

　　在經濟全球化的今天，美國經濟甚至到了牽一髮而動全身的程度，這讓全球眾多國家的經濟隨之陷入了嚴重的經濟危機之中，比如經濟下滑、通貨膨脹、股市暴跌等等，都與次級房貸風暴存在著密切的關係。美國的次級抵押貸款機構因為破產，導致投資基金被迫關閉、股市震盪反常等劇烈危機，造成了全球金融市場的流動性欠缺，歐盟、日本等主要金融市場都受其影響。

　　經濟巨頭美國的貸款分為三個層次，第一層次主要是優質貸款市場，這個市場主要面對那些信用分數在六百六十分以上的優質客戶，主要提供十五至三十年固定的利率貸款； 第三層次主要是次級貸款市場，針對的大多是信用分數低於六百二十分的，這部分人群幾乎沒有收入證明及負債的人，主要是提供三到七年的短期貸款； 對介於第二層次的就是「另類 A 級」抵押貸款市場，主要提供的對象介乎前兩者之間的貸款。

　　而次級房貸風暴的產生，主要是因為第三個層次的次級貸款市場出現問題。次級貸款市場面向收入證明缺失、負債較重的人，貸款人可以在沒有大額資金的情況下購房，不需提供相

應的資金證明。表面上看，銀行的貸款行為似乎是在做善事，讓那些低收入家庭能夠有足夠的錢去買房子； 可事實上，任何人的行為都是有利可圖的，尤其是銀行。銀行所推出的所謂的無本金貸款，五年、十年、十五年都可以調整利率貸款，可進行選擇性的調整利率貸款等多種方式。

銀行所有貸款都存在一個共同特點，就是借貸人在還貸款的前幾年，幾乎每個月的寬限期支付都比較低，而且還是固定的，但是等到了一定的時間之後，還款的壓力就會突然增加。所以說，這樣做的危險是顯而易見的。就是因為銀行對資產價格有著極其強烈的上漲預期，而且這樣做的利潤空間也非常的可觀，所以他們就會就冒著極大的風險為低收入者提供貸款。

銀行把錢貸給那些低收入家庭之後，如果為了快點轉移風險或者盡快回籠資金，往往會將借貸人的住房作為抵押，因此就可能對次級貸款進行一定程度上的證券化，將這些貸款再次發行成為債券，也就是經濟學中常說的次級債。相應的，此類次貸債券的利率也就明顯高於普通的債券。因為利率高，於是很多國際投資機構，包括投資銀行、對沖基金等都紛紛買入了次級貸款債券。

投資性的銀行更具有創新意識，將次級債再次證券化，設計出次級抵押證券，賣給全球的保險公司與對沖基金。保險公司與對沖基金就再次轉賣這些次級抵押證券，直至最後，風險

甚至可能蔓延到全球的金融機構。

　　如果房價持續上漲，這樣的利益鏈是能夠保持正常的。但是，從來就沒有只升不降的資產價格，當經濟進入滯脹，通膨氾濫，資產價格的下跌就可能無法避免。

　　隨著經濟和世界經濟的聯繫越來越緊密，次級房貸風暴對經濟的影響也就越來越明顯。儘管的金融機構持有美國次貸金融產品的規模有限，但次級房貸風暴的間接影響卻不容忽視。

每天學點實用經濟學的筆記：

- ・　美國次級房貸風暴是一場新型金融危機，其產生的內在機理是金融產品的透明度不足、資訊不對稱，金融風險被逐漸轉移並放大至投資者。這些風險從住房市場蔓延到信貸市場、資本市場，從金融領域擴展到經濟領域，並透過投資管道和資本管道從美國波及到全球。

08 買房還是租房

　　究竟是租房便宜還是買房實惠，這個問題似乎已經糾結了許多還在猶豫的消費者們。近幾年，房價威猛如虎的漲勢一直是人們心頭的痛，捉襟見肘的經濟現狀，還有寄人籬下的現實，不得不讓更多的人思考自己將何去何從。

　　政策一輪又一輪的發布，讓更多打算或是準備購房的消費者站在新房的門外一次次的觀望，一次次的徘徊。到底是自由置業還是過渡租房？ 究竟是借貸買房還是自由租賃？ 到底哪個更划算，更實惠？

　　在許多人的觀念裡，認為生活要好，首先必須得有自己的住房。大學畢業快四年的宇華，現在已經是一家大型進貿易公司的總經理助理，目前還是單身，月收入大概在三萬五左右，在他的心中就一直有自己的夢想，那就是：「要想生活好，房子先得有」。

　　畢業後工作的前兩年，宇華曾在一家房地產公司做置業顧問，他每個月的收入有時會快十萬元，而有時候卻只能拿到最少的底薪，大概也就只有兩萬多左右，年收入基本保持在四十萬元以上，那個時候的宇華就堅持認為房子可以給人帶來最大的安全感。之後，宇華選擇購買了自己公司開發的兩間套房，其中一間用來自己居住，另外一間用來出租，在當時的市場下，那兩間套房的售價是每坪三十萬，因為公司為了照顧內部員工，還給了一定的折扣，而到現在為止，那個地段的房價已經升值到了每坪六十萬。

　　在宇華的內心深處是對其父輩所抱持的「量入為出」觀念有許多想不通的地方，覺得父輩的人不太懂得投資，而自己應該學會讓「錢生錢」來改變自己的生活。當然，這只是像宇華

一樣的年輕人所擁有的心理，並不代表所有人都這樣思考。也有一部分年輕人認為，如果用那麼多的錢投資房子，還不如用那些錢去投資點實在的事情。

就職於一家大型公關公司的君豪表示： 他絕不會花大錢買房。大都市的房價動輒每坪七十萬起跳，與其背負一身的債務，倒不如回自己的老家買房子。

初入職場的年輕人應該轉變觀念，不一定非要做房奴，與其花大筆的資金購買房子，倒不如合理理財，等到事業有了一定的根基，再買房子也不遲。至於房子的增值功能，那麼所謂的「保值」，也只不過是那些聰明者的自我安慰的藉口罷了，一旦經濟全面衰退，所有的增值、保值功能都不復存在了。

面對日益攀高的房價，職場新鮮人不免有些無奈。而為何房價和租金之間會出現如此大的反差呢？ 根源就在於房價連年不斷上漲。這使得買房者並不是指望靠房屋租金來收回投資，而是靠房地產價格的不斷上漲來獲得收益。

據相關機構統計得出： 大都市的房價平均漲幅，已經達到了百分之五十，而個別樓房的最高漲幅竟然已經超過了百分之一百二十，甚至中古屋市場的價格也逐漸呈現出大幅成長的態勢，全年的平均漲幅已經高達百分之三十八。

據調查分析，大都市的住房空置率至少在百分之十五以上，許多的房地產投資者根本不在乎租金的報酬，即使讓自己

投資的房屋空著他們也覺得無所謂。相比而言，投資一套房地產，如果單純的依靠租金收回成本，至少也需要消耗五十年的時間，而如果單純的依靠房價的增值獲取額外經濟價值的話，就可以在短短的兩、三年輕輕鬆鬆的收回全部成本。

現在我們不妨換個角度觀察，偏低的房租對於租房一族們來說，或許並不是件壞事，恰好可以給他們帶來實惠。

往往現實的情況總要比理想中的殘酷許多，許多購房者手中根本沒有一千萬的巨額現金，若是沒有辦法一次付清房款，就需要向銀行申請貸款。而如果手裡有四百萬的頭期款，那麼想要購買那套一千萬的房子，頭期款就需要四百萬，除此之外，還需要向銀行貸款六百萬，如果選擇那種等額本息的方式，還貸期限還需要二十年。

相信大多數的購房者對以上經濟帳也都心知肚明，但是依然會有很多的消費者願意勒緊褲腰帶買房，這也許與傳統觀念有著密切的關係。此外，還有另外一些不願意租房的剛性需求者因為過度擔心，怕以後的房價猛漲，擔心自己更買不起房子，所以就會衝動性購房。說實話，如果現在買不起房子，即使房價下跌百分之二十，還是買不起的；如果傾其所有的買間房子，就可能出現手裡的流動資金出現枯竭的現象，以後萬一繳不出貸款還可能被低價法拍。

因此，如果你沒有足夠的頭期款，與其硬撐著降低生活品

質當「房奴」，倒不如明智點選擇先租房，這樣就能夠靈活運用手中的現有資金，讓錢生錢，等到有足夠能力時再購房也為時不晚。

每天學點實用經濟學的筆記：

· 相關機構統計，目前房屋租售比以及租金報酬率這兩項指標都亮了紅燈，這說明兩項與購房有關的主要指標均已大幅超標，基本上表明現在租房遠比買房划算。

· 目前，大部分都市房屋租售比已經遠遠超過一比三百的警戒線，最高可達一比七百，表明房價中存在不小的泡沫風險。

08 買房還是租房

第 6 章
家庭中的經濟學：
酸甜苦辣味俱全

　　一個幸福的家庭，必定有個精明的經濟支配者。因為家裡的靈魂人物總會將家中的經濟狀況處理的井井有條，他不會把家裡所有的資產儲存在銀行，因為他明白投資的收益肯定會高於傳統的儲蓄。

01 家庭理財面面觀

許多人總是覺得理財只是富人才會玩的遊戲:「既然沒有財,那又談何理財?」這也是許多人真實的內心表白。其實,理財不僅僅是對現有收入或者資產的良好分配,同時,它還包括對過去財產處置以及對未來收益的健康規劃,年輕人更應該學習如何學好理財這門課程。

對於房奴來說,無論是在進行以個人或是以家庭為單位的理財,應該注意以下幾點:

一、炒股切勿過於貪心。

在大環境不佳的前提下,一定需要謹慎入市。對於一些正處在半退休狀態,而選擇在家炒股的中老年人來說,必須非常小心,以免自己被套牢,甚至變成壁紙。

二、基金理財需要注意一定的資訊累積。

瑋傑,一個比較慵懶的 IT 人士,卻是一個非常懂得理財的年輕人。瑋傑最喜歡的投資就是購買基金,剛開始的時候,他只是跟隨朋友小試牛刀,基本也是跟著朋友的感覺走; 結果往往事與願違,一旦朋友的選擇出錯,瑋傑也就跟著不斷虧損。為了能夠賺錢,瑋傑決定自己抽出時間來看基金,但很快就厭惡了這種痛苦的理財生活。正當瑋傑煩惱的時候,在銀行從事

基金行銷的朋友向瑋傑推薦了一種新的基金投資方式 —— 定期定額，這也就是人們常說的「懶人理財術」。

　　自從瑋傑採用了「懶人理財術」之後，逢人就誇定期定額投資的好處，而且如果以定期定額的方式進行投資，定期買入的基金定額、不同單位數的基金； 當基金上漲，買到的基金單位數就會變少； 當淨值下跌，買到的單位數就會相應增多。就很有可能出現「上漲買少、下跌買多」的最佳狀態，長期下來就能有效降低基金的單位購買成本。

三、巧用網路，處理閒置物品。

　　佳磊，一個年輕的自由業者。因為生活品質提高，自己也是剛剛在市中心購買了一間新的套房，由於新家裡該有的家具、電器都已經配備完全，所以之前租的小屋裡的許多舊電腦、舊家電、舊衣服以及其他的一些生活器具現在都成了雞肋。

　　後來在朋友的介紹下，佳磊便把這些閒置的物品全部拍照，放到網路拍賣。結果剛放上去沒幾天，就收到了許多詢問以及下標。佳磊很快就把這些閒置物品清理一空，還得到了一筆不小的資金，後來還為新家添置了一些新的家電。

四、利用業餘時間做兼職，增加一些額外收入。

　　全員工作之外，一旦空閒的時間比較多的時候，適當選擇一些兼員工作來做，英語強的，可以做做翻譯； 文筆好的，可

以寫寫文章； 身段優美的，可以進行一些禮儀服務； 財務資歷比較資深的，也可是再試著多兼職幾個企業的帳務。

如果把個人或家庭當作一個經濟體來經營，實際上跟經營一家公司非常相似。公司財務學告訴我們，財務管理有長期與短期之分： 長期管投資和融資，而短期的主要管的是現金流。短期管不好企業可能因周轉不靈而突然腦死； 長期管不好企業將沒有前途，搞不好就很有可能早早的夭折了。同理可知，家庭理財也是有長期與短期之分的。

所以說衡量一個人的生活富裕、安全度，不是看誰的錢多，而是看一個人如果不再工作之後，是否還能將生活品質維持在一個中高水準。所以幸福的消費者，在他們的理財道路上，往往都能找到一條適合自己的理財之道。

每天學點實用經濟學的筆記：

· 普通家庭的財務報表，只需要包括家庭資產負債表以及家庭每月相關的收支預算表就可以了。依照這種形式制定出來經濟規劃，可以堵住過度消費的漏洞和及時避免短期債務的越期，使家庭財務得以安然無恙。

· 現金管理做得好，直接關係到家庭理財的第一個目標能否順利實現，還可能為後兩個目標的實現打下堅實的經濟基礎。如果在理家庭財務的時候，能夠使用到像財務

報表之類的輔助工具，那麼，一個家庭的現金管理就會變得更容易一些。

02 夫妻誰來做家事

夫妻雙方究竟由誰來承擔家事？這在老一輩人那裡幾乎不是什麼問題，卻在現在的年輕夫妻中，卻因為爭執不下引起了軒然大波。男人們認為女人做家事天經地義，女人則認為現在男女平等，都要忙自己的工作，所以做家事上也要男女平等；也有夫妻認為，大家一起做家事不但可以減少矛盾，而且還可以增進感情。

俊彥結婚一年多的時間裡，一般都是請保潔來打理家事，因為自己不但工作忙，妻子莉莉也經營著一家生意不錯的咖啡店，兩人幾乎把所有的時間都投放在了彼此的事業當中。

「結婚前，家裡有幫傭，我什麼事情都不用做也不會做，現在結婚了，媽媽特地找了個保潔給我們，買菜、做飯、洗衣、拖地，她都打點得井井有條，自然也不用我動手，結婚後，我也嘗試過自己買菜做飯，但老公嫌我做得不好吃，還毛手毛腳經常打破碗，我洗衣服，他又嫌我洗得不乾淨，所以我索性什麼都不做了。」莉莉說。

不過，莉莉也有煩惱的時候：「春節保潔回家過年，我們家

的家事就沒人做了，那個時候，只得自己動手。」

「家事不知怎樣分工？ 不如一搖定『乾坤』 —— 家事骰子。就是一個大約小方塊，其中有五面分別寫著： 買菜、做飯、洗碗、洗衣、擦地，只有一面上面寫的是『待著』也就是休息，什麼也不用做。」這種家事骰子的出現，它本身所約定的就是：「來吧，讓我們彼此學會願賭服輸。」

其實遇到這樣的問題，最好還是能夠相互體諒，做到彼此分工。誰哪方面做得好，誰就主動包攬哪方面。如果用家事骰子的話，那就要求兩個人各方面家事都得擅長，不然不會做飯的那個人，擲骰子擲到做飯那一面該怎麼辦？ 難道是現學現賣？ 家事骰子倒是可以增添夫妻情趣的，但是真正發揮作用的可能性也不是很大。

每天學點實用經濟學的筆記：

· 家庭經濟學觀點： 家事勞動的分工應本著相對優勢的原則，即由社會勞動收入相對較低的一方承擔。如果由社會勞動收入高的一方承擔，也就意味著家庭勞動的機會成本加大，家庭總體的貨幣收入就會相對的減少。

· 在物價上漲而薪資水準保持不變的情況下，也可以理解為物價不變而薪資水準下降。如果夫妻雙方所從事的家事勞動成本高於聘請幫傭時，家庭可以考慮請人料理家

事勞動而夫妻雙方進行社會勞動； 但如果一方從事家事勞動的成本低於聘請幫傭的時候，就應該由較低的這一方從事家事勞動，減少開支，從而增加家庭總收益。

03 富了卻離了

富了竟然也成為了一種禍害，情感居然要比利益脆弱許多。離婚率連年攀升，專業人士分析研究後得出： 如此高的離婚率，與經濟發展存在密不可分的關係。

如今許多人為了追求個人的幸福生活，家庭責任感也可能隨之淡漠，也很有可能導致家庭基礎的不穩定。社會生活功利化日趨嚴重，婚姻染有市場化色彩。原本以愛情為基礎的婚姻，也可能變成以實現某種利益和目的的交易，比如想要繼續留在都市，或者只是為了改善自己的生活環境等等。所以有時候一提到房子、車子，後續就會出現所謂的別墅與豪車。而有些人也不願像父輩那樣依靠艱苦奮鬥，來打造自己的幸福人生。他們心中最快的致富夢也許就是透過婚姻一步到位，為此也不惜捨掉自己情感上的選擇標準。而市場化的功利性因素，只可能掩蓋暫時的問題，時間久了，也許就會為日後婚姻的破裂埋下伏筆。

婚姻生活的經濟性增強，直接影響了家庭的穩定。過去家

庭經濟水準過低，如果選擇獨自一人撫養孩子相當困難，所以離婚少之又少；　而現在的生活水準不但提高了，夫妻雙方也能夠自我獨立了，經濟性已經不再是捆綁夫妻婚姻的重要紐帶。

　　各個國家的居民收入與幸福感之間存在著一定的關係，簡單的說，就是生活在一個經濟落後的國家，要比生活在已開發國家的人們滿意度更低，主要原因就是：　經濟落後的國家經常充滿暴力。這樣一來社會環境相對不安定，正如經濟學家布魯諾‧弗雷（Bruno S.Frey）和阿洛伊斯‧斯塔特勒（Alois Stutzer）所說：「個人收入水準高的國家，一般比相對貧窮的國家更穩定、更民主。收入越高，人們的權利就越有保障；　健康狀況就越良好，收入分配就越均等。因此隨著收入的增加，人們的權利水準、健康水準和收入分配均等水準也會隨之提高，而這些都可能提高人們的幸福感。」

　　隨著收入的不斷增加，人們的幸福感是會有所提高；　可是一旦超越了某個度，也許高收入對幸福感的影響也就會越來越小，甚至可能會有負作用。許多富人都有類似的經歷，他們的幸福感甚至還比不上中產階級。

　　一個人想要獲得幸福，首先必須有一份穩定而有意義的工作，工作可以帶給人快樂，而努力工作一定可以創造出更多的財富。經濟寬裕就可以讓你獲得真實的安全感和自由度，以至於忽略了另一方的感受，這也是導致離婚的一大原因。

因為富有了，婚姻當中的每個人自己的消遣活動以及娛樂安排也相對的變多了，從而對於另一半的生活過問的也就少了、感情淡漠了。幸福的生活還能有嗎？可能更多的是發生在兩個人之間的爭吵與冷戰。

也不能因為工作應酬的增加而忽略另一半的情感需求，愛情不能因為婚姻越來越淡，也不能因為財富忽視愛人。如果共同的時間兩個人一起消磨時光、一起追憶似水年華，相信就不會出現那麼多的離婚者。

金錢即使再多，也只能是收穫的皮，可以買來時間，卻買不到青春；可以買來玫瑰，卻買不到愛情；可以買來婚姻，但買不到幸福。

每天學點實用經濟學的筆記：

· 除了家庭資產大幅度縮水，還有一部分完全是因為家庭經濟的富裕，其中一方因為資金的充裕而使得家庭責任感淡漠，離婚率也隨之大幅度上升。

· 經濟危機也許會加重家庭的經濟負擔，但是因為經濟的富裕，竟然也給家庭帶來了不和諧的一面，也許生活壓力的過度放鬆也能造成一定程度上的家庭分歧，故專家建議，在寬鬆的經濟面前應該更加冷靜對待。

04 餐後打包，真節儉嗎？

外貿公司的經理正帆，儘管他在股市上賠得一塌糊塗，但還是會選擇邀請自己的朋友一起吃飯，而且還特別的在意餐廳高不高級，不能因為自己一時的失敗而過於丟臉。為了表現的更為正式，正帆還特意帶上了自己的太太筱芳。

正帆對於這個飯局充滿期待，因為朋友志敬很有可能會將一個投資小、返本快的生意介紹給他。但正帆訂了一大桌子菜，去的朋友們幾乎沒吃多少，當飯局散了的時候，筱芳和正帆有點為難？到底要不要打包？

當筱芳與正帆送走客人之後，他們二人再次返回，看著剩下的那麼多還沒動的菜，心中很是可惜，於是筱芳便讓服務生打包了剩下的清蒸魚、紅燒排骨、白斬雞以及其他一些剩菜。

即使是在經濟繁榮時期，一些小資族，甚至中產階層的人也會打包剩菜； 但這樣的常識，卻存在著一個很大的誤解。

正帆、筱芳夫婦的訂菜量完全可以縮減三分之一，根本沒有打包的必要。如果一定夠有面子，完全可以先點幾道店裡的招牌菜，再試著點幾道普通的菜色就行了。打包與家庭烹飪互補，足見這並不是明智的選擇。筱芳在微波爐裡加熱剩羊排，不僅浪費電力資源，而且冰箱裡其他該消耗的食品還需要繼續冷藏，一個不錯的互補選擇，竟然也造成了不必要的替代。

不必要的替代，不只是單純的有形浪費，比如冰箱裡的冷藏食物、微波爐需要加熱的東西，本身就造成了雙重的浪費。但這樣的浪費很多時候都是無形的，是被人們很容易忽略掉的。

人們往往習慣於硬著頭皮將最後一瓶啤酒喝完，也總是習慣於把價格高的食物強迫著吃下去，結果為消化系統造成了額外的負擔，簡直就是「花錢買罪受」。行為經濟學家調查發現：大多數的顧客經常為了追求最大的差價，而選擇一些並不適用的商品。

為什麼總是有人會不斷去犯這樣的錯誤？ 原因大概就就在於人類本身的思維習慣，人們總想在交易中獲得較好的收益，同時為了壓制競爭對手，往往又會誇大對方的缺點，以使其最終的收益能夠有所降低。

每天學點實用經濟學的筆記：

· 經濟學家根據經濟消耗，建議民眾盡量「適度點菜」，這樣不僅彌補了餐後打包的「懈怠」，同時更是在宣導勤儉節約。

· 對於餐廳經營，一般情況下可以根據消費者數量的多少，協助點單，這樣也不至於導致消費者的盲目點餐，而造成巨大的浪費。

05 便宜牛奶，會喝嗎？

　　一位美國婦人，曾在紐約市的多家報紙上刊登了一美元賣 BMW 車的廣告，人們並不以為然，因為一美元是不可能買到 BMW 車的。一週過去了，幾乎沒有一個人去買這輛廉價的 BMW 車，甚至連過問一下的人都沒有。剛畢業的傑克在無意中看到了這則廣告，滿懷希望的拿著一美元按報紙上的地址去買這輛 BMW 車。很快，傑克就和賣車的婦人辦好了相關的過戶手續。興奮的傑克便問這位賣車的婦人：「為什麼這輛 BMW 車只賣一美元呢？」婦人平靜告訴這位年輕人：「因為我的丈夫去世了，他的遺產全都是我的，只有這輛 BMW 車屬於他的情人。根據他的遺囑，要將這輛車拍賣，拍賣所得的全部款項都歸他的情婦所有。所以，一美元即可。」聽完這位婦人的話，傑克便高高興興開著 BMW 車回家了。

　　經濟學中，理性經濟人假設認為： 因為資源的稀缺性，每個人都可能受到資源稀缺的約束，而人的思考和行為都是在既定的約束下追求自己利益的最大化，就像用一美元買到 BMW 車的傑克。

　　亞當斯密在《國富論》（*The Wealth of Nations*）中有這樣一段話，對理性經濟人有一番比較清晰闡述：「我們每天所需要的食物和飲料，不是出自屠戶、釀酒家和麵包師的恩惠，而是出

於他們自利的打算。我們不說喚起他們利他心的話，而說喚起他們利己心的話，我們不說我們自己的需求，而說對他們有好處。」亞當斯密的這段論述足以向我們表明： 人與人之間是本身就存在一種交換的關係，這樣不但可以獲得食物，同時也能不斷滿足店家們想要獲得的最大利益。

「流氓學」的提出者大衛・李嘉圖（David Ricardo）想要闡述的是： 社會本來就是由一群群無組織的個人組成的，而每個人都會以一種計算利弊的方式為個人的利益去執行； 每個人為達到自我的目的，都盡可能的進行一些合乎邏輯的思考與行動。

在經濟學家們的眼裡，不管是誰，從基本理論來說都屬於理性經濟人，他們幾乎都在不斷追求自身最大限度的滿足。顯然經濟人都是自利的，以自我利益的最大化作為自己的追求。當一個人在經濟活動中面臨著若干不同的選擇機會時，他總是傾向於選擇能給自己帶來更大利益的機會，也就是最大程度的追求自我利益最大化。

不管是個體的行為給集體造成了什麼樣的經濟利益，或者是帶有一些其他方面負的經濟損耗，在做出任何決策的時候，每一個體基本都屬於理性經濟人。

在所有的社會經濟活動中，幾乎每個人都是理性的經濟人。就像購買一件小商品，大家都希望自己能夠買到「物美

價廉」的商品，而不是價高物次的商品。人基本上都在極大保證自利，但是無論如何也不會改變個體是理性經濟人的這一事實。所以可以說，理性經濟人本身就是經濟學最基本的概念之一。

經濟學規律中，供需量的大小直接決定著價格的高低。對於某種商品來說，消費者群越大，價格方面就會越高，但商品的價格也是由商品的社會必要勞動時間所決定，所以價格與社會勞動必要時間也是成正比，因此所付出的勞動時間越多，相應的價格也就會越昂貴。

每天學點實用經濟學的筆記：

· 經濟學領域，供需關係直接影響著價格的波動，價格引導供需關係的機制必須是在生產原料、生產方式以及市場銷售等各種要素領域之中。各環節處於完全自由取得的條件下才能得益實現。

06 上大學，究竟值不值

「教多少」與「如何教」並不是來衡量一個大學好與壞的重要標準，而真正的好大學應該給予學生一定的自我學習機會和鼓勵，並且盡可能的培養他們的自學能力。

究竟什麼是大學？大學的使命又在哪裡？現在大學都是在朝著哪個方向發展？

傳統的四年大學時光，對於那些正值青春年少的大學生們來說無疑是一筆巨大的投資，這個，每一個人都應該有正確的認識，這樣的一筆投資究竟值不值？而那些學生的大學生涯到底值不值？這個問題確實值得每一人思考。

既然上大學是一種高額投資，那麼這樣的投資有需要多長時間才能盈利？這個現實的問題不得不讓更多的人去思考，如果要從實用技能上判定的話，根本不需要提高太多。一個大學生最主要的技能就是自己的專業，然而專業技能的實際培訓，有的教授可能自己根本沒被實際培訓過，又怎能教導一些實用的工作技能？

由此可見，真正的大學教育本身也沒有那麼神聖的地位。而實際上，那些從高等學府走出來的傑出人士更應該明白，什麼才是真正的大學教育，大學教育究竟讓自己得到了什麼？還應該帶動身邊的人去學習、或者發揚正確的教育觀。

在經濟快速發展的今天，有更多的人會帶著功利性的眼光看待上大學這一問題。當然，「金錢觀」的本身並不是所有人都具有的經濟本性，就更不應該譴責他們用「邊際收益一定要大於邊際成本」的原則，權衡上大學究竟值不值的問題。

每天學點實用經濟學的筆記：

· 如果要用經濟學的原理去分析「上大學」值不值，那麼，也應該將上大學的邊際收益看作是無窮大，不過這在一定的程度上，能夠證明的是絕大多數的收益都還只是單純停留在隱性收益上，而不是幣值。

07 誰代我上課點名

　　學生的上課到底與點名有沒有直接的聯繫？ 本質上，這到底與教學品質存在著多大的關係？ 如果用經濟學理論進行解釋應該是怎樣？

　　舉個例子說明一下： 學生花時間上課卻沒有學到自己想要的知識，那麼還不如自己花時間去圖書館多看書，這也許就是一種最經濟的學習方案。

　　花時間去聽自己不喜歡的課，其實等於這位學生在課堂上所獲得的邊際收益低於自己在圖書館的學習，那麼蹺課也就成為了一種必然。那麼，學校又該如何解決這一問題的存在？

　　第一，不斷提高教師的教學品質，讓更多的學生在課堂上獲得的邊際收益一定要高於在圖書館所學到的； 另一種方法就是對學生進行一定的干預，也就是透過上課點名的方式強制進行。

174

如果只是單純的從解決學生蹺課的角度來看，這種干預的邊際成本相對來說是比較低的，所以就會經常看到老師在課堂上點名。不過這樣的做法從整體經濟學的角度來看，是不符合邏輯的：首先，這是一種透過採用強制的手段，讓稀缺資源從一種邊際收益領域流向另外的一種邊際收益較低的領域，而這種做法對於整個社會資源來說，都屬於一種嚴重的浪費；其次就是增加了老師上課的交易成本，因為在蹺課這一過程中，學生需要支付給老師一定的資金報償。

換個角度來看，作為大學老師，他們對於學生有沒有來上課不能做到心中有數，還需要透過點名來了解情況，這基本上來說也屬於一種交易費用的浪費。此外，如果老師把這項工作轉交給其他的學生或是班幹部，同樣存在著一定的交易費用。

當然了，因為有些老師還是比較聰明的，他們知道在自己的課堂上會有許多同學不來上課，他們也不會干預。這如果從道德理論出發，可以說那位老師不負責；但是這從經濟學理論出發，卻是節省了一定的交易費用。

如果要是一直在這個問題上糾纏，可能有些愚蠢。儘管老師的課講的不好，同學們也應該清楚知道，來上課本身就是對老師最基本的尊重，即使不去思考什麼經濟問題也一樣。

我們可以透過一個簡單的例子來分析一下這其中的經濟道理：假如有一個製造商，他非常辛苦的生產出了一種產品，但

是因為他所生產出來的產品不符合代理商的要求，而消費者卻還要因為同情製造商，去購買這些不合格的產品嗎？

每天學點實用經濟學的筆記：

· 經濟無論怎樣發展，大學生都不應該把學習看做是種負擔，大學課堂上經常會有好朋友之間代替點名，這對於經濟的發展基本上造成了浪費。

08 啃老也是一種無奈

啃老族，一個現代社會衍生出的新名詞，這群人基本都是一群年紀大約在二十三至三十歲之間的年輕人，本身具有一定的自我謀生力，但他們大多宅在家裡，並不是找不到工作，只是他們自己主動放棄了更多的工作機會，這種人也被稱之為新失業族群。

由於現在高等教育的普及，越來越多的人都經歷了上大學、碩士、博士、畢業、找工作、就業的過程，所以很大一部分心理脆弱的大學生，一畢業就出現了嚴重的心理失衡。面對微薄的收入，他們始終放不下高學歷的架子；還有就是嬌生慣養，不願意去做一些過於辛苦的工作。他們渴望的基本都是高薪資的產業，所以他們的自我感覺時常會出現一些偏差。於是

社會上就呈現出了許多產業大量缺人，有些職位卻被瘋狂爭搶的現象。

　　從目前的這種趨勢來看，啃老族沒有工作，沒有穩定的經濟，一切生活開銷都由父母供給的，當然啃老族比起敗家子來說還是要好一點。

　　相關專家對「啃老族」進行分析的時候，得出的結果是因為這些年輕人大多數是在兒童時期被父母太過嬌慣所導致。一旦離開父母，就等於失去獨立生存能力，基本上養成了懶散、消極的不良習慣。

　　由此可知，「啃老族」社會現象的存在與不當的育兒方式存在著密切的關係，如果這種現象無法抑制，對於社會勞動資源就可能造成很大的浪費。

每天學點實用經濟學的筆記：

· 一旦被貼上「啃老」的標籤，這對於激發他們積極走向就業市場是不利的，這是一種「消極的標籤」，其後果對他們的影響非常大。

08 啃老也是一種無奈

第 7 章
工作中的經濟學：
讓自己的價值物有所值

經濟學在我們的學習與工作中能運用自如，本章將透過薪資待遇、會吵的孩子有糖吃、漂亮資本以及跳槽中的風險等多個常見現象，透過引申、比喻的方式，便於讀者掌握原理，並培養運用經濟學思維改變現狀的能力。

01 大學生不如工人？

大學生與工人，因為月薪被人們聯繫在了一起，並成為媒體討論的焦點，這除了與不能正確認識大學生薪酬有關外，更與社會長期存在的對工人的偏見有關。我們有什麼理由要求大學生的薪資一定要比工人高？尤其是在基層勞動力市場的競爭中。

現在經常會聽到人們說：「如今的大學生薪資還不如工人」。難道真的是這樣嗎？一家教育評估機構調查了某地區大學生畢業半年後的實際平均月收入，結果表明：大學生薪資的確比不上具有一定技術含量的工人薪資。即使一個普通的水泥工，月收入也要遠遠高於一個普通白領的薪資。

作為大學生，當看著那些還沒讀過幾天書、沒上過幾天學的工人，能拿到比自己多幾倍的薪資，究竟是什麼樣的滋味？到底是為他們的勞動所得感到高興，還是為自己的失敗沮喪落淚？很顯然，這樣的反應只有大學生們自己心裡清楚。

「上大學真的是一點用都沒有」，千萬不可以有這樣的想法，也許更多的人看到的只是眼前的小小利益，但是大學教育帶給一個人的除了有形的價值即薪資體現之外，還有無形的知識價值所在。

勞工市場出現了嚴重的供需緊張現象，有許多產業已經出

第 7 章　工作中的經濟學：讓自己的價值物有所值

現了「工人荒」，但同時也有一些大學生沒有工作。可是為什麼空缺的工作，沒有大學生們補上去，這也許就是現代教育的問題。許多大學生只想找既體面又能多賺錢的工作，而對於那些賣力又不討好的工作性質連看都不會看一眼。

近年來也有媒體報導：「大學生的低薪資就業時代」已經到來；還有許多媒體相繼報導，大學生為了事業遠景規劃，希望能夠在實力雄厚的大企業就職，甚至選擇「零薪資就業」。

透過這些事實，我們不難理解，其實大學生薪資不高的原因有好幾點：如果簡單的用大學生與工人相比，那麼幾乎沒有什麼意義。而工人的生活負擔相對來說比較大，他們除了需要自己承擔整個家庭的經濟支出，還要擔負更多的家庭責任，一旦沒有一技之長，就很有可能失業，也就意味著全家生活艱難。

剛畢業的大學生，還沒有家庭的拖累，許多企業正是抓住了這一點，所以故意壓低他們的薪資；還有的就是因為大學生社會經驗不多，相對來說薪資就會低一點。也可以說，這樣的低薪資現象只是暫時的。因為從長期的發展開，大學生的成長空間相對較大，所以薪資的成長速度也應該更快。

現在的普遍現象，就是大學生「畢業即失業」，所以很多家長選擇讓孩子國中或是高中一畢業就去打工，或是尋找一些實習機會。

國外司空見慣的事情，就是優秀的技術工人薪資要遠遠高

於普通大學生。從長期情況來看，大學生們不僅需要「放下身段」，大學改革也應該跟得上社會的發展。

每天學點實用經濟學的筆記：

- 根據目前經濟的發展形勢，大學的科系設計確實存在一些問題。大學的科系結構和勞動力需求結構完全不相符。因為所有勞動力市場所需要的人才，大學培養不出來； 而大學所培養出來的，市場又恰恰不需要。
- 當社會上的勞動密集型開始轉向技術密集型時，人才結構就會轉變成橄欖型，也就是就是金字塔的底部出現了萎縮現象，而中間的層次，也就是中等職業技術人才、中階管理人才開始逐漸增加。

02 會吵的孩子有糖吃

　　所有的事情，包括工作，並不是說埋頭苦幹就一定能有所收穫。因為主管不可能去細查你的工作細節究竟是什麼樣子，他們只是看結果。往往該得的利益都是被那些做了一點點事情的人拿去邀功了，因為他們也是「會吵的孩子」。

　　「會吵的孩子有糖吃」告訴我們一個簡單的道理，就是有什麼需求一定要講出來，也許講出來之後，並不一定就能有所收

穩，但是最起碼可以讓別人在你要求的基礎上調整，而不是將你的要求徹底駁回。

心理學家布任達‧梅傑（Brenda Major），曾經和一位助手對管理系的學生進行了一個類比實驗。這個實驗的具體操作，是讓管理系的學生假扮成為應徵者，前去百貨公司應徵銷售的工作職位。學生們面對著面試官，分別根據自己的要求提出了理想中的薪資。當然，其中有高有低。當面試結束之後，面試官就與主管討論，包括薪資與工作狀況。結果表明：那些在面試過程中要求高薪資的學生，基本都能拿到高薪水。而要求較低的學生，也只能拿到較低的薪水，有些甚至還要低於自己要求的那樣。

這個實驗告訴大家的就是：儘管你提出的申請可能並沒有得到別人所能給出的那些，但是，只要申請者所要求的薪水很高，他們得到的報酬也就相對的多一些，這項個實驗在心理學領域也被得到了有力的證明，同時也印證了「會吵的孩子有糖吃」的正確性。有時候的隱忍並不能帶給自己相應的收益，適當的要求更為自己爭取到一些權益。

每天學點實用經濟學的筆記：

· 「會吵的孩子有糖吃」這在經濟學中屬於經濟賽局。這種現象通常不是發生在兩個同質的主體之間，而往往存在

於個體與集體、地方與中央、債務人與債權人、被監管
者與監管者之間進行。

· 只要堅信「會吵的孩子有糖吃」是真理，那麼往往處於
弱勢地位的博弈者，完全可以透過「哭」進行策略調
整。要是能做到討價還價，也一定可以得到所期待的東
西，損失和風險也會得到相對的彌補和救贖。

03 漂亮是資本，賺錢更容易？

英國有一項科學研究，主要針對人的相貌，結果發現：長
相缺乏吸引力的男性收入，往往會比那些英俊的男子收入少賺
百分之十五；而漂亮的女性，往往會比長相一般的女性收入要
高；身材比較勻稱的銷售人員所賺到的錢，也要比身材不協調
者多賺百分之二十五。當這一組資料發出來之後，就立刻引起
了許多人的關注，於是在經濟學領域也就出現了一個經濟名詞：
「人麗資本」。

「人麗資本」概念的產生也並非單純適用於英國，尤其是韓
國。韓國的美容產業非常發達，而且韓國人在這一方面也的確
付出許多，他們也對於「人麗資本」運用得十分熟練。

如果只是單方面的從職業角度來講，「人麗資本」除了長
相，還包含其他許多方面的因素，其中包括個人氣質、職業形

象以及一個人的綜合素養，當然也有個人學歷與能力。

　　有些企業，尤其是一些比較時尚的產業，徵才的時候，會特別注重一個人的「人麗資本」，因為所錄用的這個人，今後不僅僅只代表個人形象，還代表著企業形象。

　　即使是許多的成功者與名人，他們也無法逃脫對於「人麗資本」的嚴格要求。就算是再明智的人物，美國總統林肯也會因為當時朋友推薦給他的人才不具備「人麗資本」而直接謝絕。當朋友非常不解問林肯不用此人的原因時，林肯竟然給出的答案是：「自己不喜歡那張臉。」

　　為了不斷證實「人麗資本」的重要性，美國也曾就這一現象對幾千個家庭進行了調查與分析，結果表明：如果在其他各方面的條件大致相同的情況下，不漂亮的職業女性他們的薪水，一定會比漂亮的職業女性少賺百分之二十。所以，最後的事實還是向世人證明了「漂亮的價值是巨大的」。「人麗資本」這個概念也已經開始深深影響人們的社會生活以及經濟水準了，況且這種資本也是不以人的意志為轉移。美麗的人總是在社會上出盡了風頭，物質收穫上也要遠遠高於普通人，這個鮮明的差別也被經濟學家們稱為「美麗經濟」。

　　也許正是因為「人麗資本」逐漸被大家重視。產業內部的資深人士往往會告訴職場新人一些規則：若想在職場中尋找自己的位置，首先必須樹立良好的「個人形象」。而事實證明，凡

事一個有原則性的人，都是職場的重要人選。也許美麗的外表更能夠吸引別人，但容顏也會在時間流逝中越來越不值錢。

每天學點實用經濟學的筆記：

- 在如今「美麗經濟」盛行的時代，只要是把俊男美女與社會生產要素緊密結合，因為這樣的資源屬於稀缺資源，他們就會被一些時尚的產業投資者緊緊抓住，以獲取更多的經濟效應，而這些俊男美女們也從中可以獲取與自己資本成正比的報酬。

- 人麗資本也存在一定的兩面性： 其一，既要正視漂亮者所具有的一定經濟優勢，但也不能過度誇大； 其二，除了外表的美麗之外，更關鍵的還是要依靠他們自身的能力。任何事情都具有雙重性，當然也不是所有美麗的人都能輕易取得成功。

04 人力資本： 你的價值有多高

常常會提到，一個人的價值究竟體現在哪些方面？ 一個人的價值到底有多高？ 或許，這樣的問題，沒有任何人能夠立刻給出答案。那麼究竟一個人的價值如何衡量？ 其實，這個問題就涉及到了經濟學中人力資本的問題。那麼什麼是人力資本？

而所謂的人力資本又該如何科學的計算？

「人力」主要指每個勞動者所受到的教育、相關培訓以及科學實踐等多方面的投資，最終取得的知識或者技能的累積，白話說就是「非物力資本」。

隨著人力資本在經濟成長中日益突顯，需要不斷對人力資本進行有效的分配，並且要能夠使人們更準確、更全面的對自身的價值進行挖掘。但是在做出這一行為的過程中還有一個非常關鍵的因素，就是要準確計量出人力資本的價值，這對於開發人力資本具有非常重要的意義。

此外，對於人才的概念，還需要進一步闡釋。在現代經濟學當中，為了最大化利用人才，並且讓他們能夠更有效發揮自身的聰明才智，社會必須給出相應的經濟衡量值，以激發出他們的工作熱情。

如果從人力資本的概念出發，這裡也將為大家具體其所有的特點： 首先，人力資本的承載者是人。不管人力資本自身能夠體現出多大的價值，它主要是依附在一定的勞動者身上，一旦與人脫離了關係，那麼資本也就不存在任何價值了； 其次，人力資本基本上體現出的是投資者所付出一定資本之後所得的產物。因為投資者在付出之前，也是經歷了一系列的培訓學習或者勞動實踐才形成了一定的資本，否則也不會完全適應於此項目； 再次，人力資本與資本主體也就是勞動者本身存在著極

大的關係，一個勞動者本身的人力資本會隨著年紀的增加而逐漸減少，這是一個不斷變化的過程；　最後，人力資本體現的是一種收入的能力，如果資本擁有者具備一定的從業技術條件，那麼人力資本就可以為其使用者產生一項持久性收益，而且這種收益可能會遠遠超過它自身所具有的經濟價值。

　　但是，還有一點需要大家注意，就是往往人們會把人力資本與人力資源這兩個概念混淆在一起，不太清楚這兩者到底存在什麼樣的區別。其實，在某些情況下，人力資本與人力資源是相通的；　但如果要是單純的從他們二者的概念出發，那麼其中還存在一些小小的差別。因為人力資本的概念主要來源於經濟學，而人力資源的概念則是來自於管理學，從他們的概念出處就足以清楚，他們之間到底有哪裡不一樣。

　　人力資本表明的是，這種資本在當前的工作中就可以直接利用，而且還具有一定的創造能力；　而人力資源則表明只是具有一定的創造能力，但目前能否直接利用是另外一回事。況且人力資本與人力資源的側重點也不同，人力資本主要強調勞動者付出相應的代價所擁有的現有能力，只要合理利用，就可以直接獲得效益；　人力資源則是需要經過一系列的開發之後才可能形成的一種潛在能力。

　　從實際利益出發，人力資本則更注重勞動者自身的能力，也就是勞動者本身的質，更在乎他們做事情的主動性，比較關

注的是他們以什麼樣的方式將自身擁有的人力資本轉化為實際收益； 而人力資源則主要強調勞動者的數量，他們本身的許多工作能力與積極性還需要管理者進一步開發調動。

所以，在經濟學領域，又提出了一個新的群體價值計量法，即經濟價值法的出現。它是透過對人力資本以及其他資本所產生的不同貢獻率對人力資本產生的價值進行確定的。而經濟價值法在確立之初，所遵從的價值理念就是： 按照各種資本的投入比例對企業所得的收益進行合理分配，這樣就可以更清楚計算出各種資本的投入所產生的各自收益。

每天學點實用經濟學的筆記：

- · 一般情況下，企業的預期收益都會有折現，這樣就應該按照人力資本投資所占的比例計算。但是這種方法主要建立在各種資本收益率相等的基礎上，所以這樣的計算假設也是不成立的。
- · 目前，許多企業大都強調人力資本的投入，更注重的是勞動者的自身所具有的能力以及知識結構，同時也比較重視勞動者的培訓技能。

05 跳槽有風險，離職有成本

你是不是對現在的工作已經喪失了信心？ 你是不是經常在工作的時候莫名煩躁？ 是不是對於未來的職業規劃感到一片茫然？ 是不是與同事或者主管關係日益緊張？如果所有的這些問題的答案都是「Yes」，那麼，也許你也就離跳槽或是離職的邊緣又近了一步。

但是，不管自己是否根據自己的實際情況進行的職業選擇，總之，需要提醒的一點就是跳槽有風險，離職有成本。離職對於任何一個行走在職場上的人來說，但不同的跳槽經歷也許會帶給跳槽者不同的思考。一般情況下，明智的跳槽者從中得到的個人的成長，是薪資增加，是工作環境的提升，是更好的福利待遇； 然而不當的跳槽也許帶給人的除了更糟的生活境遇，還有可能是職業生涯困頓。

跳槽本身就具有一定的風險，而且盲目離職也許會增加各種成本。如果決定換了一個新的工作環境，那麼就需要一段很長時間的適應過程，即使之前是經驗豐富的人，同樣需要一個熟悉的過程。

新公司的新環境、新環境中新的同事和新的主管關係、新工作內容等等，面對著這一切，不但需要付出時間的代價，還要付出一定的資本投入，所以許多剛剛跳槽或是跳槽不久的人

都會產生嚴重的適應期挫敗感。

　　這也許就是好多人在經歷過一次或兩次離職之後，就始終選擇在同一個地方上班的主要原因。但是生活在一個多元化的開放社會中，許多人還是為了不斷追求或者嘗試新的挑戰而選擇離職。當然他們也許在自己還沒有離開之前就已經計算好了離職所需要支付的成本價值，那麼無論他們最終如何選擇，都只能為自己的跳槽買單。

　　大家也許都只是看到了離職的表面現象，其實並不了解跳槽的背後還潛藏著許多的原因。其實，離職的原因總結在一起，無非就是為了尋找更好的個人職業發展，或者是對目前的薪資待遇不滿，或者對產業前景不是非常看好，要麼就是因為目前公司多提供的學習機會不是很多等等，這些都有可能成為員工離職的最根本原因。

　　越來越多跳槽者的口頭禪或者常用語就是「薪資太低了！」「沒有絲毫的發展前途！」於是，聽到這些抱怨的人們也就開始紛紛效仿，也跟著那些不滿意目前生活與工作的人一起跳槽。而那些因為是效仿別人卻又盲目跳槽的人來說，他們是越跳越糟，越糟越跳，結果頻繁的跳槽，使得他們的狀況更不如從前。

　　這裡呈現一個真實跳槽事例：　千樺畢業於知名的日語系，順利進入某日商銀行市場部工作。因為千樺本身所具有堅實的

專業技能，所以她通過了嚴格的層層篩選，終於通過了最後一道入職關卡。知名大學、知名企業，又是熱門的產業和部門，薪水也不錯，在很多人眼裡，千樺應該知足了。可是工作才做了一年多，她就滿腹牢騷：「我是學日語的，至於經濟學，當時也只是修了一些經濟學課程，所以當時還覺得進日商銀行還不錯： 但到後來，真的是有苦難言！ 到目前為止，在銀行工作也不過才一年的時間，所以也談不上什麼資源累積，現在轉行倒也來得及。」千樺心裡就是這麼想的，所以她打定主意要跳槽。

後來，千樺開始四處找同學，讓他們看看能不能為自己推薦一下，有什麼好的工作機會。很快，經一好友介紹，她順利進入了一家諮詢公司，主要負責市場推廣工作。可是好景不長，上班還不到一個月的時間，就與部門主管發生了嚴重的衝突。

自從千樺與主管發生衝突之後，就決定馬上辭職。就這樣，千樺在四年時間內跳槽數竟然達到了六次之多。而就在這四年時間內，幾乎有一半的時間都是浪費在了尋找工作的道路上。接著再來看看千樺在銀行的存款，四年了，但是她的積蓄從來都沒有超過十萬。但是和她一起畢業、工作的同學和朋友，好幾個都已經買房、買車了，工作經驗也非常豐富。

所以，一旦發現自己對於工作的滿意度不是很高的時候，一定要謹慎處理，千萬不能因為一時的心理不平衡就著急跳

槽，不要隨便地被所謂的高薪水所蒙蔽，需要清晰計算一下自己的「跳槽成本」。

當準備跳槽的人在面對原公司的雙薪、提升或者分紅的特殊時期時，他們到底是選擇留下還是選擇離開，這其實是一件非常糾結的事情。根據調查分析得出： 其中有百分之五十的人認為新的機會要比眼前的那些金錢更重要； 當然也有百分之二十九點三的人認為到時候會具體問題具體看待； 還有另外百分之二十點七的人選擇了繼續留下來，也就是選擇了原公司的雙薪以及其他福利待遇。

正所謂「魚與熊掌不可兼得」，在職場，當紅包與跳槽不能兩全時，個人必須明確自己最需要的是什麼，一定要懂得取捨，也應該盡量的用長遠的目光看待問題。不管什麼時候，無論什麼地方，都要讓自己不斷學習進步，增加自身的職場競爭力，這才是立身之本。

每天學點實用經濟學的筆記：

· 經濟學注重的是成本概念，所以就要把成本與收益緊密聯繫。在成本進行收益分析的時候，往往也要把資訊與市場聯繫，否則實際成本就會比預期的大，收益就可能相對減小。

06 不可替代就是王者

　　一名優秀員工能夠創造出讓人驚嘆的社會價值，那就必定能夠獲得不菲的經濟收入。

　　在這裡講個具有代表性的故事： 一家知名企業的老闆，為了能讓自己的工作量變得輕鬆一點，於是他便聘用了一名剛剛畢業的年輕女孩，希望她能成為自己優秀的助手，當然，分配下去的工作也不是很複雜，只是簡單的幫他拆閱一些信件、分類自己寫好準備寄發出去的信件，女孩的薪水與相關公司同樣職位的員工基本沒什麼區別。

　　這天，老闆希望女孩能寄一封電子郵件給海外的兒子，郵件的內容是老闆一邊親自口述，讓女孩一邊透過記錄的方式整理。其中有一段話是：「兒子請記住： 不管你到哪裡，從事什麼工作，每天都必須讓自己獲得一個新的機會，即使是一些別人都不會去關注的問題，因為每一次別人的不注意反而可能是成就你的潛在機會。這樣也可以讓你在日常的工作之外，更多的獲取一些不為自己所知的資訊，也可以感受到幫助的快樂，這也是一種有價值的服務。當你無意識幫助別人的時候，或許並不能獲得金錢上的報酬，但是這樣做的目的不但拓寬了你的知識面，而且還讓你從中得到了更多的人脈與關係網，這些將對於你今後成長的道路具有非常重要的作用。當別人在需要某

些協助的時候必定第一時間想到你，那麼你就已經成為了他心中無可替代的人物。」

　　這位女孩被信中的內容所打動，自此女孩經常很晚下班，其他同事都回家了，只有她還在繼續研究老闆的書信風格，她不計任何報酬、協助繁忙的老闆回信給那些客戶。

　　後來，老闆的祕書離職了，這時候老闆第一時間想到的就是那個默默協助他為重要客戶回信的女孩。

　　女孩剛畢業的時候，無非就是公司裡面最底層的一個小職員，但是女孩並沒有因此停止不前，她繼續學習，後來竟然被別的企業以高於原公司四倍的薪資挖角過去，也許正是因為女孩的無可替代，才使得這麼多的公司願意以高額薪資聘用她。

每天學點實用經濟學的筆記：

‧　隨著市場經濟的發展，社會分工也逐漸變得越來越細，從而導致了整個社會經濟呈顯出專業化和社會化的特點，在社會成員之間普遍養成了分工合作的習慣和理念，當然特殊才能的出現，更是社會生產效率大幅度提高的重要原因。

07 老闆重視的是「功」，不是「苦」

　　所有的企業都是依靠結果生存的，過程對它來說根本不存在絲毫的意義。任何一家企業的存在，往往都有兩種目的：一種是財務目的，另外一種就是非財務目的。只有財務得到了實現，才有可能一步一步實現後續更多的非財務目的。

　　舉個簡單的例子說明一下，比如一個人，即使他心中有著崇高的理想，再加上他本身也的確具備許多過人的才華與能力；但如果最基本的生活都無法保證，那麼所有的夢想都只是空中樓閣，虛無縹緲。

　　只有當一個人真正創造出了財富，才能獲得老闆的嘉獎與肯定，如果只是一味埋頭苦幹，無論過程多麼的艱辛，都不可能換回別人的同情與憐惜。

　　也許正所謂執行力的結果，就是重視功勞，因為所有的市場與老闆都不會相信眼淚。雖然也有許多老闆不斷宣導：「員工才是企業的主人。」但是，從老闆的實際做法以及對待員工的各個方面來看，並非如此。員工在企業從來沒有所謂的歸屬感，老闆也不會從內心真正接受員工。

　　員工在企業上班，而企業作為一種盈利性的商業組織。因此企業與員工就形成了一種商業交換的關係。而所謂的商業關係，可以借用快遞公司進產業務處理為例，進行具體說明。如

果快遞公司協助客戶快遞一件商品，所收的費用是十元，那麼快遞公司無論天陰下雨，都會克服重重困難，協助客戶及時送到所遞出的商品，而且快遞費用也不會因為所遇的困難隨意調整價格，依然是十元。一旦是雙方確認的交易價格，就不會因為任何變故而發生改變，這一點是確定的。

　　上述的例子為大家解釋的就是赤裸裸的商業關係。那麼員工一旦與企業形成一定的契約關係，這種潛在的商業關係也就生成了，明顯的利益交換也就體現的淋漓盡致。同時，員工與企業之間還存在著另外一種買賣關係，只要是企業支付給員工一定的薪資或者薪酬，就等於員工將自己的勞動產生的價值以低廉的價格賣給了企業，這也就是為什麼幾乎所有的老闆都只是注重員工的「功勞」而不是「苦勞」的關係。

每天學點實用經濟學的筆記：

· 市場經濟中那個無形手，也是需要政府維護。當產權得到了保障，市場才能健康運行。而政府干預的目的主要是為了促進效率，以最大程度的保證市場資源有效分配。

· 簡單的市場經濟環境，可以讓自由人自己行動，從而影響某些經濟活動。由於微市場的模型中存在著許多理想化假設，所以當結論與經驗不一致時，就可以將這些假

設推翻。

08 踏踏實實做好小事

往往一些良好的機遇或者商機都是潛藏在我們很難發現的地方，當我們還在不斷抱怨自己的工作有多麼的卑微，或者還在期盼更好的工作機會，甚至是做夢也想自己能夠中五百萬彩券的時候，也許財富已經從自己手中的小事中悄悄溜走了； 當一些企業還在經濟社會的大舞台上自娛自樂的時候，也許更大的商機也這樣無聲走遠了。

企業應該在充分展示自己特點的同時，更應該嚴格把關企業的產品品質，在最大程度上實現企業的價值。所以說，無論是個人還是企業現在都已經被悄悄的帶進了一個微利的時代，任何一個人或者任何一個企業的發展，都需要把握好細節的藝術。

如果一些企業管理者或者負責人因為礙於情面，很難拒絕朋友或者親戚的要求，把這些人想盡辦法安排在自己的公司，看起來似乎不是什麼大事，只要介紹進來的那個人具有一定的資格或者能力，或許還是一件好事； 但如果安排進來的人沒有實際的能力，就會讓這個企業負責人頻繁的為這個職位更換人選。

第 7 章　工作中的經濟學：讓自己的價值物有所值

　　那麼企業負責人這樣做，究竟會不會產生什麼負面影響呢？ 如果從經濟學的角度來看，原來在這一職位做得好好的員工，若是知道自己某一天會被突然調離，那就索性積極一點，因為企業往往注重短期效益。

　　然而，遇到這種莫名調離的員工能有多大的積極性？ 因為自己是被別人替代的，這一點足以說明他本身的能力不足，或者還有許多欠缺的地方，至少現在替代他的人更適合那份工作。如果後期為這個調離的員工安排的工作還不如之前的那份，而且還沒有一定的物質獎勵或者職位上的遠景規劃，那麼這位員工就不可能有多大的積極性，他也就不可能好好的工作，會產生逆反心理。

　　從經濟學的角度講，如果市場能做好的，企業就最好不要干預； 而市場如果做不好的，企業就應該根據自己的情況進行。往往一個企業的決策比較注重短期效益，而很少會去考慮長遠收益。所以，企業主管對於員工職位任意調離的事件，雖然看起來不是很大，但是卻對於企業今後的發展存在著很多的弊端。

　　由此可知，傳統的「成大事者不拘小節」的做事理念，再也不適應現代化發展的企業，而更多的企業是把重點放在管理細節之上，即使是大廠房裡的一個小小螺絲釘，也有可能關係著大企業的生死存亡。只要抓住了細節，也就可能完全抓住了

企業的競爭優勢。

每天學點實用經濟學的筆記：

- 小事經濟屬於經濟領域中的個體經濟學。而個體經濟學中的「微」，並不是指交換範圍小或者交易程度淺。
- 個體經濟學，基本都是透過對個體經濟行為者的研究來體現市場分配資源的作用，從而形成市場的基本要素，一定程度上既包括需求，也涵蓋供給與價格均衡。

第 8 章
社交中的經濟學：
成本低，收益高

傳統的社交需要的是人心與人情，而現代的社交則靠的是速度與經濟。當人們還在苦惱於如何建立良好的人際關係，為自己營造最佳的人氣網時，本章已經為大家提供了「社交經濟學」速食大餐，讓人們在追求低成本、高收益的社交圈時，還能賺取額外的經濟常識。

01 人脈小投資，可換來大報酬

凡是有形的資產產業，投入的成本越多，有時候獲取的收益反而非常有限，也就是利潤率較低，但是人脈往往帶給人們的財富是無法衡量的。

有些人認為在人脈方面只需要小小投資，如果打開了一定的僵局，彼此之間出現了交流或者有了可以利用的共同資源，這就是一種雙贏。也許付出的可能是金錢方面的資本，但是收回的卻是一筆無形的人脈資產。

也有相當一部分人會覺得，只要維護好自己身邊的人際關係就行了，簡簡單單，也不用自己刻意在這方面投資，因為用金錢換來的朋友大多都是唯利是圖的人。

但是相比較而言，善於利用人脈的那部分人，無論是從生活品質還是經濟狀況來說，都要比那些不善於利用人脈的人要好得多。無論一個人有多強大，或者多有能力，但是依靠自己的力量總是有限的。

哈威‧麥凱（Harvey Mackay），著名的人際關係大師，他很小的時候，就受到了父親的教導：「麥凱，如果你想成功，從現在開始，你要關心自己所見到的每一個人。」懂事的麥凱聽了父親的話，他會從身邊的每一件小事做起，幾乎會把身邊所有認識他的以及他認識的人名，還有一些自己了解的相關詳細

資訊統統記錄下來，之後就會在某個特殊的日子裡給那些人送去關心或者驚喜。

　　正是因為麥凱自己所付出的種種努力，使得他在後來的工作與生活中得到了許多人的幫助與支持。他不但透過自己累積的人脈，結實了許多產業的優秀人物而且還認識了美國政界、新聞界還有體育界的好多知名人士，而且那些人都在不同程度上對麥凱表示出一定的欽佩。或許是因為麥凱往往能在恰當的時間裡給別人送去最溫馨的祝福，這就很難讓別人輕易忘記他。更何況是一個積極向上的人，別人又怎忍心去拒絕他？

　　麥凱的所有付出都沒有白費，因為他在人脈上捨得投資，所以他後來的事業做的也是有聲有色，最終也取得了很大的收穫。成功的人，往往都是那些比較注重人脈聚集的人。

　　在微軟的創業初期，比爾蓋茲就充分利用了人脈資源。他的合作夥伴，保羅‧艾倫（Paul Allen）和史蒂芬（Steve Ballmer）都為微軟做出了很大的貢獻，不僅僅用上了他們自己的聰明才智，而且還不斷利用自己所擁有的人脈關係，從而使得微軟的事情越做越大，越做越好。

　　比爾蓋茲曾說過：「在我的事業中，我不得不說我最重要的經營決策是必須挑選人才，擁有一個完全信任的人，一個可以委以重任的人，一個為你分擔憂愁的人。」這句話，足以體現出了人脈的重要性。即使是一個外人眼中的強者，也必須依靠

別人的幫助。而往往越是成功或者強大的人，他們的身邊必定存在著無數的隱形人脈關係網。正所謂人脈是金，卻勝似黃金；黃金有價，而人脈無價。

每天學點實用經濟學的筆記：

· 人脈投資其實就是對未有的人脈資源進行探索開發，對既有的人脈進行有效投資管理，如果能使所有人脈按照自己預期的方向發展，就可以使自己的人生目標順利實現。

02 說話只三分，收益百分之百

俗話說得好：「話有三說，巧說為妙。」這話要是說在以前，大多數的人就會理解為： 盡可能的要保證說出去的話不會傷害到聽者，而現在的人們說話的方式越來越多，其中也包含了這層意思，但是作為身在商界精英人物來說，可能更注重的是經濟收益會不會因為自己的口無遮攔，或者一不小心而損失慘重。

站在經濟學的角度，商界人士的說話都可能會自我保留七分，目的很明確，就是為了追求一定的經濟效益。這就好比現實生活中的我們，在說話的時候，往往也會考慮很多，因為經

驗告訴我們「言多必失」。

　　具有大智慧的人，一般都很會把握與人交談的程度。在美術專業裡有種藝術手法叫做「留白」，同樣的道理，做人也應該學會留白的藝術。

　　聰明的人首先都會知道，在一些不是非常熟悉的人面前，總不會將自己全盤托出，這是件很危險的事情。因為一旦被目的不純的人抓住把柄，就很有可能會下套，以至於讓一個人陷入兩難的困境中。

　　尤其是在談生意的時候，如果一方想極力說服另一方，試圖透過自己的努力讓其按照自己的意圖做事，那麼必定需要一些技巧。如果處於弱勢地位的一方抓住了強勢者的意圖，也許就能很快的轉敗為勝。

　　一位非常富有的人，想要替企業在更大的繁華都市建立辦公總部，但是以他目前的經濟實力去做這件事情還有點困難，於是他一家又一家的跑當地的銀行，希望能夠透過自己的努力貸款建造。但是經過了輾轉反覆之後，始終沒有一家銀行願意把錢貸給他，原因是他自己的抵押不足以銀行貸給他的風險。後來他終於想到了自己的辦法，他把自己的全部資金湊集起來之後，就請了一位承包商，並且希望他能夠利用自己的資源把這個工程繼續下去，之後再給予一定的補償。

　　當然，後面的工程始終在繼續，當所有的資金只剩到夠維

持一個星期花費的時候，他碰巧與一位大都會公司的主管一起吃了頓晚餐。而且還把自己對於工程的規劃圖拿給他看，還準備繼續自己的意圖闡述時，被那位公司主管卻以「吃飯時間，不便談公事」給塞了回去。

第二天，當這位富人興致勃勃的準備去和大都會公司主管進行協商給自己抵押借款時，得到的卻是：「開什麼玩笑！我可從來沒有給過你們這樣的承諾。」但是富人並沒有放棄，只是對公司主管這樣說：「你可是部門主管，你也許可以透過這件事情試試看，自己是否真的擁有辦事的權力，而且還能在一天之內把這件事情辦好。」

公司主管也不示弱的說：「你這是在用激將法逼我上戰場，不過，我倒真可以試試。」之後，公司主管的嘗試並沒有失敗，而是幫助富人順利度過了難關。也讓富人在最後一週的時間還沒有結束的時候，就補上了資金的空缺。

這樣的事例，如果單從語言學的角度出發，不免讓人覺得單純而可笑；但是，如果能從經濟學中的賽局理論觀點出發，就足以看出語言對於經濟收益所產生的巨大效果，而且也非常明顯。當現在的說話經濟，即資訊經濟以不同的形式出現在貨幣經濟中，並且還承擔著一個特殊組成部分的時候，也許就會有更多的人開始注重「語言經濟」在經濟社會中的地位。一旦成功把握了「語言交往」的關鍵主題，就能夠從中實現價值。

每天學點實用經濟學的筆記：

· 語言可以說無時不有，無處不在，它充斥於人們生活的
角角落落，代表著一個人的思想與決策，語言經濟學和
制度經濟學存在著非常密切的關係。

03 背靠大樹好乘涼

我們常常聽到的「前人種樹，後人乘涼」，如果是在經濟學
領域，它所體現出的就是一種顯性經濟模式，而「大樹底下好
乘涼」既體現了隱形經濟，又體現了借力經濟。後者的經濟運
用能力已經得到了廣泛的應用，成為了目前許多經濟、政治、
科學、文化等多個領域。

幾乎每個人都希望自己能夠成為某一領域的名人或者智
者，以此來獲得更多的機會或者通往成功道路中的一條捷徑。
就像現在的許多商業廣告，我們經常會看到一些電影或者電視
明星進行代言，而這些店家也往往不惜花費重金聘請這些名
人，就是試圖以這些名人所產生的社會效應賺取更多的經濟
價值。

如果說商業的成敗來自於企業壯大的信念以及抓細節的
精準度，那麼憑藉自身或者他人的功績來不斷壯大自己也是一
件非常重要的經濟策略。就像日本的一位瀕臨破產的出版商，

眼看著自己公司就要關門了，卻因為自己無意間的一個奇思妙想，為企業挽回了一局。

日本的一家圖書出版公司，因為領導者的經營不善，眼看著就要關門了，但是書庫裡還堆積著大量的圖書，面對著如此多無法售出的圖書，出版商特別的苦惱。一天，正當他苦苦思考銷售問題的時候，電視裡的一則新聞讓自己靈機一動。沒過幾天，他庫房裡積壓的所有圖書竟然被其銷售一空。其主要原因就是出版商讓自己政界裡的朋友輾轉把書送給了他們的首相，而首相出於客氣就隨口說了一句：「這本書不錯。」不料想，竟然成了出版商清空書倉的良好契機。

時間很快過去了，出版商再遇推廣瓶頸。書庫裡再次出現了累積成批的圖書，因為有了之前的經驗，出版商依然輾轉透過朋友給首相送去了這本書，可是這次首相什麼都沒有說。當那位送書的朋友把這一反應告訴出版商時，居然看到了一張非常興奮的臉。之後，出版商的積壓圖書再次被搶購一空。原因是，當出版商進行廣告宣傳的時候，打出的廣告詞中有這樣一句話：「這是一本連首相都認為很難評價的書。」

由此，足以看出，名人效應在經濟生活中所達到的作用是不可小覷的。所以，無論我們在做什麼事情的時候，都應該極力的借助一些外力來幫助我們度過最困難的時刻。如果用經濟學的理論解釋上面提到日本出版商的故事，只是投資了兩本小

小圖書定價的資本，就賺回了很大一部分的利潤。

　　所以說，憑藉名人的力量還是不可衡量的。也許會有人提出疑問了：「我們只是普通民眾，怎麼能夠支付得起名人的費用？」其實，這裡只是打了一個比喻，並不是所有的人在辦事的時候都要依靠名人效應的，還可以尋找自己的貴人，也就是身邊一些能夠給我們提供機會的人。他可以是我們的親人、朋友；也可以是我們的主管、同事。

　　可能會有人在辨別一個人對自己是否有幫助的時候，不會很輕易的就把你所需要的地方或者說是利益表現出來，那麼就需要自己透過一定的方式方法去不斷的搜尋，搜尋那些潛在的資源人物。

　　尤其是當一個初入某種產業或者新進一個領域的新人，更需要具備依靠或者是借助別人幫助的資源，而且更需要嚴格要求自己對待周圍的任何人都應該用心對待，因為最起碼他們可以在你最需要幫助的時候拉你一把，不但可以幫你渡過難關，甚至可能讓你獲得更多意想不到的收穫。

　　當然，任何一個人的成功都與自身的努力分不開，但是，話又說回來，世界上不會有所謂的孤膽英雄，每個人的成功都離不開別人的扶助，就像《水滸傳》裡的大英雄宋江，他每次的想法與行動，基本都是在各路英雄豪傑的大力輔佐下成就了自己，成就了上千的兄弟。

其實，我們大家都應該明白，人生的每個階段都很重要，所以，一定要努力抓住自己的每個階段，那麼，如果能夠利用好機會，在每一個關鍵的時間依靠好的人脈資源，也許可以改變自己的人生，讓自己活得更瀟灑，更自在。讓自己的每一步都能走的更輕鬆，更穩健。

每天學點實用經濟學的筆記：

· 人際交往中有一個非常重要的名詞叫做「增減效應」。實質上就是說無論是誰都希望別人對自己的喜歡或者愛的程度在「不斷增加」而不是「不斷減少」。

· 在人際交往的過程中，如果要用經濟學理論解決問題，一般就可能涉及到「黑鐵法則」即別人如何待我，我就如何待他。」中庸點的解釋是「來而不往非禮也」，褒義的解釋是「投之以桃，報之以李」，而貶義的解釋就成了「以其人之道還治其人之身」。

04 首因效應好，省時又省力

我們經常都會聽到這樣的話「先入為主」，這是大家在生活中的通俗說法。但是，在經濟學領域這種現象還有另外一個名稱，即「首因效應」。但是，具體的首因效應在經濟學中又是被

如何闡釋的，還需要我們根據一些具體的故事案例共同分析學習，一起進步。

　　究竟什麼才是「首因效應」，是不是就能用「先入為主」直接概括呢？其實所謂的「首因效應」還有一個比較簡單的解釋，即第一印象。而第一印象，對於任何人來說都是非常重要的。

　　許多人都試圖在尋找一本萬利的事情，或者試圖達到事半功倍的效果。其實這個問題並不難解決，那就是緊緊抓住「首因效應」，這樣就可以幫助大家在很短的時間內獲取最大的成功。

　　當兩個素不相識的人，一次見面就能夠在彼此的心中留下完美的印象，這種感覺不僅僅只是停留在相互傾慕的戀人之間。所有的陌生人，他無論年紀、性別，不分地點、場合，都可能因為對方得體的表現而產生良好的印象，這樣的人無論做什麼都會取得很好的結果。

　　所以說，首因效應在人們社會交往中的作用一點也不容忽視。只要大家都能夠重視這個問題，也許所有的事情都可能會按照自己預期的那樣發展； 相反，那些向來都不注重首因效應的人，往往會遇到事業的瓶頸期，而且可能因為自己一直以來的行事風格引來更多的麻煩，從而既浪費時間又浪費精力。

　　睿智的美國總統林肯，也曾因為朋友推薦給自己了一位不

太注重「首因效應」、但的確有才華的閣員。他只是看了一眼前來見面的閣員，甚至連思考的餘地都沒留的就直接拒絕了。他告訴朋友：「這個人不修邊幅、邋邋遢遢，所以我自己就非常不喜歡這樣的人，因此不會用他。」

很是好奇的朋友告訴他：「任何人都無法選擇自己的容貌，可你怎麼能這樣以貌取人？況且還能對別人的相貌存在這樣大的偏見？」而林肯卻是這樣回答的：「一個人過了四十歲，就應該為自己的容貌負責。」

儘管那位閣員可能是某一領域的專家或者在某一方面確實有自己的一番建樹。但是，如果能在與總統見面的時候，花費心思去精心整理一下自己，最起碼也要給別人留下一個好的印象。閣員沒有這麼做，連對要約見的人最基本的尊重都沒有，更何況還說自己的首因效應能不能取得最佳效果。如此的做事風格，如此的心態，又怎樣能抓住難得一遇的機會？

剛大學畢業的李文靜到一家知名企業上班。報到第一天，就因為路上遇到車禍遲到了。隨後當李文靜在處理工作時，因為不懂得影印機的操作，慌亂之中就把辦公室的影印機弄壞了，因此耽誤了大家正常的工作。這樣一來，李文靜在許多同事既主管的眼裡簡直是糟糕透了，也就是說李文靜在公司的首因效應並沒有取得良好的效果。

同事和上司都認為李文靜既沒有禮貌，而且還給許多同事

的工作帶來了不少的麻煩。逐漸的，李文靜覺得大家似乎都不是很願意與自己打交道。公司裡的公共設備，像公用傳真機、影印機等都不會讓她隨便使用。而她的上司也似乎對李文靜產生了不好的看法，甚至都不願意給她委派任何工作。但是執著的李文靜並沒有因此而放棄，她極力的去做很多事情，希望把之前的不良印象盡快消除。

在公司，只要是自己不懂的事情，她都會主動向其他同事求教；主動找人來維修公司裡那台被自己弄壞了的影印機，還幫助其他同事測試了電腦。李文靜一點一滴所做的一切終於改變了自己在同事中的印象。於是，大家也開始慢慢接受了李文靜，平時也在工作之餘和李文靜有說有笑。

儘管這個結局還算圓滿，但是，這樣一個結果卻是李文靜付出了多少努力才扭轉過來的，或許公司裡的某個同事心中依然存在著李文靜剛來時的那個樣子，這也很難說的清楚。

既然很多人，往往都會被別人的第一印象所迷惑，那麼也讓我們更加明白了首因效應對人所產生的重要性。因此，無論我們做什麼事情，都應該盡可能保證自己有一個良好的外在形象，尤其是我們知道在做某件事情的時候，還潛藏著什麼樣的良好機遇。

每天學點實用經濟學的筆記：

· 首因效應在人際交往時發揮的作用很大，這也是交際心理中最重要的一點。當人與人交往的時候，往往留給人的第一印象占主導地位，這種現象就是「首因效應」。

· 首因效應讓我們知道： 人往往對於最初獲得的資訊，並且形成的印象是難以改變的，甚至可能影響未來新資訊的建立。

05 要點旺人氣，需先點旺自己

如果要想讓自己越來越發達，首先必須給自己不斷儲存能量，以便讓自己盡可能的擁有更多的人脈資源。因為無論什麼時候，透過社交都可以不斷實現自己的人生理想或者奮鬥目標。

人氣的聚攏，實則就是人際關係的發展與維護。然而人際關係究竟該如何科學合理進行傳遞，需要的不僅僅只是大家各取所需的互換，而是需要經過一系列的資訊傳遞、情感溝通、思想啟迪、行為模仿、心理感染等等的相互傳遞，這樣才能建立起更好的人際關係網。

然而，良好的人際關係對於所有人的幸福生活都有著非常重要的影響。針對這一問題，也曾有人進行過調查研究，其中有百分之八十的人幾乎感覺不到幸福可言，他們覺得人情冷

漠，與人交往的過程中，發覺總是困難重重，當問其人際交往狀況時，大多都是搖頭表示很久沒有與朋友來往過； 而另外百分之二十的人卻感覺生活美好，自己也很幸福，這部分人大多有著幸福美滿的家庭，此外，他們的社交圈子也比較多，而且大都相處的非常和諧。

　　生活中，其實我們經常看到的幾乎都是一些表面現象。因為任何事情的發生，發展必定都有其存在的另外一種真實。有的人因為自己有著較寬的人際圈子，所以，他們做任何事情都非常的順利； 而有的人，因為自己只局限於狹小的社交圈子，但是還不願意為了以後的發展去開拓社交圈，因而，往往處於進退兩難的境地，無法自救，也沒有人會來施救。所以，也就出現了兩種截然不同的生活狀態： 輕鬆、快樂與疲憊、痛苦。

　　如果想要讓自己在成長或者進步的道路中不斷前進，必須多為自己增添人氣。和諧的、親密的、健康的、良性的人際關係往往都能給自己成長的道路中添磚加瓦，讓自己在成功的過程中依靠這些人氣一步步的往上升。

　　但是來自於其他方面的人氣，即社交圈子中的社交主體，人脈，他們的到來或者給予的幫助並不是憑空來襲，而是有一定的吸引源，即自己。那麼，如何才能讓自己成為中心人物？ 或者說如何才能讓自己更具魅力去不斷為自己吸引更多的人氣？

　　往往社交圈中的各個關係體，其內心都極具非常高的心理相容性，而且彼此之間也存在著很大的吸引力，他們從思想上，相似的程度都比較大，而且從情感方面出發，也相互依戀的程度比較深，從行為方式上大都比較相似，在很多問題的看法上也都幾乎能達到一致。而社交的主體人物也常常會透過自身的不斷努力去吸引其他的人。

　　如果那些不希望透過提高自己，來增加人氣的人來說，他們的行為也會出現許多不和諧的地方。至少他們可能會不斷疏遠或者排斥其他的人氣，無論是從思想方面還是情感或者是行為，總之他們一直會保持高度警惕狀態，以備別人可能帶給自己某種危險或者攻擊。從而，使得他們的人際關係越來越差，越來越糟糕。

　　所以，不管什麼時候，無論在哪種社會形態中，追尋親密和諧的人際關係，是人類永遠都在追求的主題。但是因為，人與人所處的環境的不同，還有從小到大所接受的教育程度和文化積澱也各不相同。當這種現象出現在已開發國家，他們的國民除了對自我價值的實現以及需要被人尊重的需求比較強烈之外，他們還常常會以自己寬泛的社交圈為榮，因為他們的社交需要在他們的觀念裡占據了非常重要的地位。

　　當這種現象出現在不已開發國家，他們的國民除了不斷滿足自己的生理需要以及安全需要之外，社交的需要基本所占的

比例不是很高。人與人之間的聯繫也往往沒有已開發國家那樣頻繁，這也許還是造成經濟失衡的一方面原因，也是為什麼已開發國家要比不已開發國家的經濟實力強大的又一關鍵性因素。

每天學點實用經濟學的筆記：

· 伴隨著市場經濟體制的一步步完善，經濟社會中的人際關係也在發生著許多的改變。如果從最先建立起的市場經濟體制特區說起，從變遷的人際關係問題中探求理論知識的定義，從而尋求經濟體制中的最佳人際關係結構，這對於新時期精神文明的建設具有重要的作用。

06 多個朋友，多條路

當我們遭遇生活的磨難，承受工作的壓力，或者命運的不濟時，我們會在第一時間想到誰？ 會在自己脆弱無助的時候最想向誰傾訴？ 會在自己無法解決困難的時候最需要誰的協助？ 朋友、朋友、還是朋友。

站在經濟學的角度思考這個問題，朋友的存在原本就是一種資源，無論是誰，只要他所結識的朋友越多，他所擁有的資源也就會越豐富，這樣他就會在進行資源有效分配的時候，使所有的資源分配都能夠達到最佳化。

　　相信很多人都有出遠門辦事的經驗，不管你是去外地出差還是旅遊，如果那邊有熟悉的朋友，最起碼自己的此次外出會讓自己心裡倍感踏實，無論是經濟上還是精神上，至少在那邊有朋友的關照，不但可以省去許多不必要的經濟花費，而且還可能得到朋友額外的關懷。這從經濟領域分析，其實就是節約了自己的外出成本。當然了，我們作為別人的朋友，在必要的時候也一定要向他們伸出援手。

　　經濟行為中，朋友之間的友情價值是看不見，但又是最寶貴的財富。它不是用現實中的貨幣形式表現出來的，而是在人與人之間的來往中或者彼此之間的連結中實現價值的。一旦在我們的生活中，出現了所謂的人際關係價值，就一定要努力去維持好。我們也應該具備發掘朋友關係的潛力，因為很多時候，本來可以成為很好的資源，但是正因為彼此的誤會或不了解就陷入到了不良關係的現象之中。

　　如果在與朋友交往的過程中，只是一味追求自己的利益或者收穫，完全把朋友當成是自己獲取價值的工具，而自己又非常吝惜自己的所有資源，這樣的關係是不會長久的，而且對於個人發展也存在著不良的因素。必要的情況下，自己一定要能捨得自己的累積，只有這樣大家的友情才能在良性循環中得到不斷發展，也將獲得更多有價值的資源。

　　正所謂「寸長尺短」，人也一樣，各有所長，各有所短。用

經濟學中的資源優勢解釋的話，其實就是每個人都會擁有自身的特質資源，朋友之間的聯結，在基本上就是一種相互彌補的狀態，用一個人的所長去不斷彌補另一個人的所短； 一個人的所短又會借用另一個人的所長來替補自己，這在經濟學領域也被叫做資源互補。

　　人脈資源就是每個人所擁有的巨額財富，一項關於人脈資源創富的調查報告中明確顯示： 男人們一輩子賺的錢，只有百分之十左右的人完全依靠自身的學識，而其餘百分之八十左右的人完全來自於各路的關係網。但是在這發展的事業關係網中，相對比較重要的就是人與人之間的信任度。一個人的信任度也是成就良好關係的基礎。一個有信用的人，往往擁有一張大而廣的人際網，而一個信用度極低的人，往往是在夾縫中生存，且沒有很好的事業發展，他們只能獲取短暫的，一時的收穫，而不能與人建立長久的合作關係。

　　所有良性的合作關係中，尤其在一些商業性極強的合作中，經常會出現一些價格方面的歧視，對於價格的偏差存在著很大的異議； 但是人際交往中千萬不可以存在這樣的現象。店家之所以會出現這樣的價格歧視，因為他們主要追求的就是利潤空間。因為他們可能會針對不同的消費群體採取不一樣的價格策略，若是在人際交往中實行所謂的人格歧視就可能是對人格的極度不尊重。但是，真正的朋友之間就應該是最注重彼此

間的尊重,一個連最起碼對別人的尊重都做不到,又何談經濟上的收益?

每天學點實用經濟學的筆記:

· 一定程度上的貨幣資本與人力資本是能夠解決市場問題的,但不是所有問題,在經濟社會,也許缺乏的就是對資本價值的正確認識以及評價。

· 經濟社會的人與人之間就像做生意,實質也是社會交換,之所以存在動力才能繼續維持下去,正因為各自都存在可交換的東西,而且是不同價值之間的交換。

07 與人交往不能我行我素

如果從生活理念方面對其分析,完全可以理解為「隨性」;但是如果要從經濟學領域分析,把這種因為個人行為對他人造成的影響稱為外部性結果。因為個人我行我素的行為產生的所有結果,並不單純的只是對自己產生作用或者結果,它往往還關係著周圍人的各方利益。

經濟學領域中又常常會把外部性所產生的效果,根據其帶給人們的不同收益影響分為兩種情況: 能給人們帶來良性的影響或者收益就叫做外部效益,而把那些不良影響或者可能對人

第 8 章　社交中的經濟學：成本低，收益高

們的利益有損的現象，稱為外部成本。由此可知，我行我素的結果也是要根據其產生的不同結果為其定性。

當然，如果用經濟學中的外部性觀點解釋生活中「我行我素」的現象，是非常容易被理解的。正如兒子與父親的關係那樣，如果兒子繼承了父親所有的優點，比如積極、樂觀、勇敢、堅強、忍耐等一系列的優良因素，那麼他們一定能夠依靠這些良好的素養成就自己；　相反的，如果這個兒子繼承了父親的消極、悲觀、怯弱、貪婪、粗暴等一系列的不良因素，那麼這個兒子很有可能因此而毀了自己。所以說，任何人一旦被不良的因素所影響，那麼更多的時候，他所造成的就是外部成本的影響。與此同時，經濟領域的外部性還存在著一定的傳遞性與擴張性的，這也是大家不容忽視的一點。

正雄，一家大型外商公司的董事長，為了能夠更有效率處理公司事務，同時也為了能樹立起自己的良好形象，嚴格要求自己每天都必須是第一個到達公司的人。但有一天，因為自己身體不適，起床時間比平事的上班時間晚了半個小時，再加上當天還下著大雨，路況又特別的不好，總是塞車。眼看著馬上就要遲到了，但是為了不損毀自己在同事心目中的形象，就闖紅燈超速行駛，後來不但被交警教育，還被開了罰單，正雄悶了一肚子的火。

而當他因為以上種種原因遲到之後，進公司的第一件事就

是批評下屬趙經理。因為不明事理的趙經理被糊里糊塗的批評之後，自覺委屈，實在沒辦法子宣洩的他又叫來自己的祕書敏敏，於是他也是不分青紅皂白的訓斥了敏敏一番。而受到委屈的敏敏又將自己的怨氣撒在了接線生洪琦的身上。因為洪琦憑空受到了來自祕書敏敏沒有來由的批評，或到家後就對自己還不到三歲的兒子大發雷霆，兒子委屈小臉上掛滿了傷心的淚珠。

在這一系列的批評與被批評中，我們看到的都是外部成本所達到的影響作用。只因為董事長一個人的糟糕心情，卻無緣無故引起了如此多人的心理不滿，竟連一個還不太懂人事的小孩子也跟著一起受了委屈。其實，這個故事中的董事長正雄嚴格要求自己沒錯，但是偶爾一次的犯錯也不能太過注重，這樣一系列的連鎖反應不但沒有產生絲毫的經濟利益，反而讓更多的人內心無法平靜。這樣只能讓更多的人帶著不良情緒工作，而結果只能是不斷影響工作效率，那麼相應的經濟產出就會有所下降，用經濟學理論解釋的話，非常不利於企業的發展壯大。

由此，我們可知經濟外部性具有一定的傳遞性與擴張性。而在經濟學領域，完全可以採用乘法理論概括，而且也非常適合，因為這種現象更證實了乘法理論中變數的變化，往往都會以乘數的加速度方式來增加最終的數量，就如同正雄的悶氣，最終導致了許多員工悶氣的數倍速度的遞增。

任何人都需要對自己的行為負責，因為每個人點滴的行

為，都會產生一定的經濟效益，只是在不同的影響因素下有所區別而已，凡是被外部效益影響過的行為一定可以產出甚至是加倍產出； 而如果是被負的外部性所影響，那麼一定也會是成倍的結果，只不過是成倍的減少或者是損失。

每天學點實用經濟學的筆記：

· 外部性在經濟學理論中的另外一個名字是外部效應或者溢出效應，而外部性又分為兩種形式，即外部效益與外部成本。它們的實質均指生產或消費對外在實體產生的不可補償的成本或收益。

08 人際交往的最高境界是互利

　　互惠互利也許是人與人交往的最根本也最直接的目的之一。因為有了這種關係的存在，所有的事情才會有發生、發展和結局，社會才可能不斷進步。但是在每一種人際關係的連結中，每個人都有著自己的初衷與目的，大都是為了獲取或者滿足自己的某種需要，或者是一種精神上的依靠。

　　生活在二十一世紀，經濟飛速發展的今天，不管從事哪個產業，也無論自己是否擁有事業，但是人脈的累積從不需要尋找理由或是藉口，聰明的人都在極力為自己爭取人脈資源，智

慧的人都在人脈資源中尋求可利用的任何一次可能。

　　儘管，不能說每個人都唯利是圖，但至少在結交朋友的過程中，必定有自己想要從對方那裡獲取某些有價值的資源，這對於彼此之間後續的發展存在著很大的意義。人脈所具備的競爭力往往是其他任何資源都無法能比的。從某種意義上來說，良好的人際關係本身就是幫助一個人通往成功、獲取榮譽的最佳法寶，而且它與一個人的經濟利益直接掛鉤。很有可能讓擁有人脈資源的人更好，更大化的發揮自己的特長，以使得自己的利益達到最大化實現。

　　一個善於運用並且善於管理人脈的人，一般在挖掘潛藏於人際關係中的財富時，大都能夠很好的處理與朋友之間的關係。倩怡，一位在紐約依靠白手起家的成功華裔職業女性。創業之初，她就是從一直在進行貿易工作的朋友那裡得到了：「美國市場對一些日常消費品的需求量特別大。」的這樣一條資訊。之後，她就獨身一人帶著自己和朋友四處籌集到的五千美元來到了繁華之都 —— 紐約。

　　初到紐約的倩怡，先是四處奔波，考察市場，當發現的確存在很多商機的時候，便託付許多朋友幫助她在當地尋找商品貨源，而自己則依然留在紐約為其即將到來的商品尋找更多的銷路。一次無意中的聊天，還讓倩怡獲得了一個很好的商機。一位善於考察市場經驗豐富的老教授告訴倩怡可以透過參加博

覽會的方式，打開自己的銷售管道。倩怡經過親自考察之後，覺得確實是個很好的機會。之後，便憑藉一位大學同學的人脈，在博覽會中順利獲取了一個不錯的攤位，使得自己的商品得到了很好的推廣。

倩怡正是在不斷創造，發展自己更多的人際交往網中，不斷開發新的合作夥伴，使得現在的倩怡已經在紐約擁有了自己的大型商品公司，而且擁有的客戶數量已經有了近百位，不但有了穩定的經濟收益，而且還解釋了更多其他領域的朋友。

倩怡之所以能擁有目前如此大的成就，完全是依靠她之前的許多好朋友，正是因為他們的幫助，才讓她的「富貴指數」得到了迅速提升。後來的這些朋友中，有的也已經被其發展成了她的生意上夥伴，彼此都在為獲取各自最大的共同利益而不斷努力。

如果有人一開始，就抱著從人際交往中獲取更大的利益為目的話，那麼，往往並不一定能夠從中獲取所謂的利益；反而不太在乎結果的人，他們對於所有的朋友都是一顆赤誠之心，那麼，往往都能取得意想不到的收穫。就像我們在職場或者在商界遇見的這樣一些人，他們非常具備才華，他們也的確非常優秀，但是他們並不能夠與他人和諧相處，總是以高傲的姿態與人相處，但是這些人反而更沒有收穫成功的機會。

互惠互利，相互共榮也是人際交往中的最高境界。只有在

自己獲得利益的前提下也能保證別人收穫一定的利益，只有這樣的人才能大勝。更何況這也是在平等的基礎上讓別人贏得最大的利潤空間，成就彼此。

如果要從經濟學的角度分析人際交往關係中存在的問題，人脈其實就是人與人之間存在的某種資源，有資源就會有成本投入，因此人脈越廣，所投入的成本也就相對的越大。但是這種投資，在一定的時候也是獲得經濟利益最多的時候。所以，每個人都應該好好的利用人際交往中的各種資源，不要因為一時的大意而錯失成事的良機，以免將自己的最小化成本變成一種負盈利。

每天學點實用經濟學的筆記：

- 經濟社會，因為有競爭，也就不斷有了人與人的合作，尤其是存在利益共榮的時候，當人們大都站在現實的利益角度考慮問題。

- 如果有共同利益的存在，在某些問題上，完全可以轉疏為密。經濟領域，尤其如此，相互間的幫助與利用，幾乎也就不存在所謂的敵人，因為可以共榮，充其量只是某種特定環境中的對手。

第 9 章
理財中的經濟學：
雞蛋要分籃放

　　但凡對那些有過理財經驗的人來說，雞蛋總是不能放在一個籃子，因為這樣風險太大。然而在具體理財的細節中，卻往往存在著很多的問題。那麼，本章將帶領更多想要理財的人好好了解並學習「什麼是財？而財，又該如何去理？」並且還會告訴大家一些其他相關的重要經濟資訊。

01 利率變動影響了誰

任何國家的中央銀行，都是以經濟監管者和控制者的身分存在。所以，在沒有什麼大的情況變化中，無論是以哪種貨幣政策為工具，都需要透過銀行利率對貨幣供應量進行干預，進而影響國家的整體經濟指標。

為了防止經濟過熱，保持物價穩定，政府也透過了一定的措施政策對其貸款的基準利率進行調整。但是，當貨幣政策開始影響國家的各項經濟指標的時候，完全可以將這種影響方式歸結為利率對經濟產生了一定的影響。

由於世界各國在實施國家的經濟整體控制中，大都運用了利率槓桿控制，進而利率的相關政策也就成了各國中央銀行進行控制貨幣極其經濟的主要手段之一，並且利率政策還在貨幣政策中占據了非常重要的地位。

每個國家幾乎都有其解決各種經濟問題的方式方法。當一個國家處於經濟膨脹期的時候，政府完全可以提高利率，以最大程度的減少貨幣供應，控制惡性循環的趨勢； 如果國家經濟處於大蕭條的狀態，國家完全可以透過降低利率，以最大程度擴大貨幣供應，不斷刺激經濟的全面發展。所以說，維持健康、正常的利率水準，對於國家的經濟發展有著很關鍵的作用。

在一些西方國家，許多的經濟學家根據經濟發展的過程，

普遍認為利率對社會資金的總儲蓄與總投資存在著密切的關係。而且利率對經濟的發展分別從好多方面，有著廣泛影響作用。因此，利率一方面既影響了本國的投資活動，另一方面還在調節未來的投資規模。

一般來講，如果把利率當成投資的機會成本，就一定會對社會的總投資產生影響，而且還會對投資的規模產生一定的影響。一旦利率上升，投資成本就會不斷增加，這樣就可能引起許多收益較低的投資者藉機撤出一定的投資額，那麼，市場上的投資需求也就會跟著一起減少；　反之，如果利率下降，那麼投資成本也會跟著一起下降，這從一定程度上說，就會刺激投資，從而增加社會的總投資額。正是因為利率本身具備影響投資規模的作用，所以，它也是衡量世界經濟運行情況的指標以及進行經濟調節的關鍵環節。

利率的變動除了可以影響投資規模之外，它還可對經濟投資的結構有著一定的影響作用。一般情況下利率的高低，都是可以反映一個國家的整體整體經濟狀況的，利率在影響整體經濟的同時，還對一些經濟變數存在影響，例如整個國家的經濟成長率、國際收支、物價水準、就業水準等等。利率是一項非常重要的經濟槓桿，它對於整體經濟的運行以及個體經濟的活動都有著非常重要的調節作用。

當利率出現變動的時候，對於資金的供需存在著一定程度

上的影響。利率提高，人們的貸款成本就可能增加，而這些資金短缺者的經濟負擔也就會隨之增加，一旦他們的貸款需要受到嚴格的制約，那麼貸款的可能也就會不斷降低。

如果從整體經濟調整的角度出發，幾乎所有國民的全部收入可以分為兩部分，一部分主要是以儲蓄的方式存在銀行，另一部分則是以消費的方式投資。但是，銀行儲蓄的資金並不等於居民的總收入減去消費掉的部分。而應該是在收入水準保持一個定額的時候，儲蓄的多少完全取決於消費能力的大小。如果居民的消費能力偏高，則總收入中的消費部分所占的比例就會大一些，儲蓄比例也就相對少一些。

利率的變動還影響著國際的收支平衡，當國際收支出現逆差現象，就可以透過提高短期利率的方式進行調整高，其主要目的是為了吸引國外的短期資本進入，以此來消除逆差；反之，如果出現順差現象，就可以透過降低本國利率水準，從而更多的限制國外資本的進入，以此消除順差。

利率除了對投資規模、資金供需、資金結構、國際收支等方面產生了嚴重的影響之外，還對於社會的資本狀況也發揮著一定的作用。如果社會中存在著大量的過剩資本，利率的降低反而可能引起投資額的增加；而如果社會中的資本嚴重不足，即使利率有所下跌，也不會有太多的投資增加。

總而言之，利率變動所產生的整體控制，也取決於國家

的整體經濟發展狀況。一旦出現了經濟膨脹，即使如何調整利率，也非常不容易抑制投資額的增加； 如果經濟嚴重萎縮，即使如何降低利率，對於投資的刺激都不會很容易的增加。還有一個非常明顯的現象，那就是，經濟越發達的國家，利率所表現出來的作用也就越明顯； 經濟越不發達的國家，利率對於經濟控制的作用也就越沒有存在的意義。

每天學點實用經濟學的筆記：

- 市場經濟下中，利率有調節經濟的槓桿作用，它對於資金的供需關係有著明顯的影響作用。而利率的變動對資金盈餘者手中所持有資金的機會成本，有著關鍵性的決定作用。
- 利率政策透過影響一些其他經濟項目對匯率產生影響。例如： 利率上升，貸款減少，投資減少，消費降低，物價下降，從而抑制了一定的進口量，以便於促進出口，外匯減少，外匯匯率下降也就促使了本幣匯率的上升。

02 高風險下的安全帽 —— 保險

當所有人都在安逸的環境中享受生活的時候，幾乎沒有人會去思考自己是否會遭遇不測。打開電視、廣播或者網路等各

種媒體，時常都會看到或是聽到，哪個地方又發生飛機失事、火車脫軌或者輪船沉陷等大大小小的事故。為什麼越來越發達的經濟社會還是會出現事故頻發的現象？ 也許正是因為飛速發展的經濟社會，讓人們更早的體會到了快節奏帶來的種種傷害。

當然，無論是來自於工作還是生活中的所有傷害，我們都無法預知，一旦真的來臨，也是很難避免。小病小災的或許還能與之抗衡，萬一是讓人難以接受的大病大災，我們又該如何把這種存在的風險降到最低或者將某種傷害進行風險的轉移？ 提到這裡，相信許多人的第一反應就是 —— 保險。

當我們面對一些特別大卻又無法規避的風險，或者根本無法預測的風險時，就盡可能的盡自己最大的努力把風險轉移。根據自己的實際情況依靠選擇合適的險種把潛藏的風險轉嫁給保險公司，而保險公司則可以透過一整套科學合理管理方式，對其存在的風險進行仔細衡量與分析，並且最終選擇科學的分配方式，以便有計畫處理各種潛在風險，最終以最小的成本獲取最大的安全保障。

而目前市場上名目繁多的險種，反而讓大家很難選擇，但是無論險種有多複雜，都從屬於兩大類別，一類屬於投資性保險，另一類屬於普通保險。而我們生活中最常見的險種大概有醫療保險、失業保險、意外傷害保險、車輛保險等。當然了，無論是哪種保險，都分別有其自身所需要賠付的相關條件約束。

其實，目前社會上已經存在的保險還不止這些，上述險種都是比較常見而且購買也比較普遍的幾種常見險種。所羅列的上述險種也並不是每一種都需要去購買，適當的時候可以仔細分析一下自身的實際情況，從中選擇幾種對自己比較有意義的即可。

每天學點實用經濟學的筆記：

· 保險可以適當彌補風險造成的損失，降低家庭的經濟風險的程度，以確保家庭財務長期健康的運行。正確購買保險可以讓損失降到最低，讓生活有所保障。

· 合理分配資源是理財規劃的最終目的。理財中若是沒有保險，一旦產生風險，就可能導致資產減少、支出增加。

03 投資要趕早，小錢要用好

經濟社會的到來，帶給人們的除了更多的機遇之外，同時也帶給人們更大的挑戰。一邊是飛速發展的經濟社會創造出的更多的工作機會，人們的收入也隨之越來越多； 另一邊又是不斷攀升的物價指數。不斷高漲的消費環境讓更多的人面對必須消費的商品無所適從。例如： 讓普通民眾難以承受的高昂房

價，孩子未來的教育方向需要支付的高額費用，還有那人人都不願面對的就醫診療費等等，一切的一切都需要經濟資金的支援。那麼，為了能夠順利處理上述問題，聰明的人便開始了自己的理財之道。

生活中的各種問題，工作中的各種際遇也許都曾給過自己某些失望或者希望。但是，無論自己處在家庭中的哪個地位，也或者自己無論從事哪種工作，都必須明白理財在生活中的重要性。

所有人的理財之前，首先必須明確自己的理財目標。因為目前市場上的市場資本需求已經得到了很快的發展，而人們也早已經意識到如何讓自己手中的現有小錢在市場中越變越多，從而達到一定的財富保值與增值。所以，必要的時候投資一定需要跟得上社會市場的形勢，即使是小錢，也一定能夠取得很好的收益，即科學掌握好投資時機，早投資多報酬，早理財早收益。

這裡我們將透過一個投資的例子，向大家具體說明「早投資多報酬，早理財早收益」的道理： 同年、同班、同畢業的兩個好朋友子靜與敏敏，幾乎也是同時找到了工作，一起進的同一家公司，即使是在後來公司為所有員工舉辦的群體婚禮中，她們二人也同時成為了美麗的新娘。她們就這樣在同一家公司，領著相同的薪資，卻分別做著各自的事，而且她們彼此都

在同一年的幸福中做了媽媽。

　　但是，個人的理財觀念也許還會存在很多不一樣的地方。比如：子靜就是一個極具商業頭腦的人，她剛工作，就把自己每月的薪資分成兩部分，一部分作為自己日常消費的流動資金儲備，存進銀行；另一部分拿去做一些小小的投資。累積下來的話，每年差不多也就是兩萬元左右，而她所獲得的投資報酬率往往保持在百分之十。那麼，如果要從子靜二十歲參加工作，三十歲結婚生子，之後回歸家庭養兒育女。十年的時間子靜每年都會投資兩萬元，那麼，總投資本金也就達到了二十萬元，那麼，三十歲之後，結婚生子休養一段時間再次回到職場依舊按照這樣的方式進行投資理財，那麼她將獲得很大的資金累積。

　　然而，敏敏並沒有像陳子靜那樣，她的心中，總是會想：年輕人需要用錢的地方很多，要買漂亮的衣服，要買時尚的鞋子，還要買更多新電器，因此也就成了「月光族」，這還不止，有時候還會狂刷信用卡，以至於每個月都有過度消費的現象。這樣下來，敏敏一年到頭也沒有什麼存款，直到三十歲婚之後才開始存錢，這樣等她到了四十歲之後每年再拿出兩萬元做投資，每年如果同樣得到百分之十報酬率，這已經和子靜有著很大的距離。

　　如果，等到她們都到了六十五歲退休之後，她們各自的資

本到底有多少？ 子靜投資了四十五年，每年的本金兩萬元，年報酬率百分之十； 而敏敏則是投資了三十五年，每年兩萬元本金，即使本金投資一樣，收益率也相同，唯一不同的就是子靜比敏敏開始投資的時間早了一點，最終得到的結果卻是子靜的報酬率要比敏敏高出許多倍。

由此可知，投資時間的早晚，從一定程度上來說就已經決定了報酬率的高低。因此，如果想成為一個明智的理財者，一定需要清醒的認識到理財的重要性，並且還應該認真分析理財形式，盡量做到心中有數，能早投就絕不拖延最佳時期。

每天學點實用經濟學的筆記：

· 早期投資是有一定的規律可循，首先，單期的投資基金能不大，就盡量不要做大，最多不超過四十萬元的資金。因為一旦基金規模擴大之後，後期還需要不斷分配更多的資金運轉，而且也需要保證有足夠的人力與物力配合。

04 富人更富，窮人更窮

現在的社會普遍存在著這樣一個現象 ——「窮人更窮，富人更富」。這讓更多的人搞不清楚這種現象的背後到底隱藏著什

第 9 章　理財中的經濟學：雞蛋要分籃放

麼樣的經濟原理。至於社會分工中的盈利性「蛋糕」分配得合不合理，不但需要具備一定的智慧還需要保證一定的從業規範。

那麼，當面對「富人更富，窮人更窮」嚴重經濟偏差時。智慧的窮者可不可以勇敢回擊：「富人可以更富，但窮人不可以更窮」？現代經濟社會的刺激，出現了太多的富者，原本雄厚的資金累積讓更多的富人透過各種途徑聚斂社會財富。他們有的投機購房，透過不斷購房為自己增加保值商品。其目的不是單純的居住，主要是用於投資，以便於增加自己的固有資本。而絕大多數的普通民眾卻因為房子數量的有限或者自己手中資金的不足很難得到自己的基本需求，為了能夠滿足自己，他們有的甚至於還要付出多於富者的資本購買他們手中的商品，從而本身經濟實力就非常薄弱的普通人很有可能因此受到重創。

一旦所有員工的薪資總量得到了一定程度上的控制，那麼對於所有員工的薪資控制，基本上很難進行控制。那麼，只要是對於國有資產保值或者增值做出過一定貢獻的領導者或高層，都可能相對的多得到一些，當然這也是應該的，但是區域間的巨大差異還是存在的。

到目前為止，還是會有很多人可能會根據當前的經濟形勢去分析計畫經濟下的經濟原理，這樣做的目的不但有助於實現社會經濟的均衡發展，而且還能保證全社會實現福利上的平等分配。

　　社會財政的逆向調節存在著很大的弊端，那麼這種弊端背後設立出來的福利制度也就有其自身存在的局限性。例如政府給予民眾的一些轉移性支付，很多時候都是按照被分配者的身分進行的，而不是從他們的真正需求出發。例如計畫經濟的主要支柱本身就來源於它固有的戶籍制度，從而也就出現了城鄉兩極分化的社會格局。致使城鎮居民與農村人口無論是從政治、經濟還是社會權利方面都存在著極大的不平等因素。

　　例如，如果以居民住房為例，即使已經進入了計畫經濟的時代，國家的許多公務員依然屬於國家的高收入人群，他們不僅領取著可觀的薪資，而且還居住著政府分配給他們的免費房屋，同時也享受著與此相匹配的各種福利設施；而農村的低收入人群只能自己租房，而且還需要承擔住房所需要的各種設施費用，成本相對來說要比前者高出許多。

　　其次，如果以民眾的醫療衛生保障為例，現在的各大、中、小型醫院基本都在積極配合政策。但是這其中也存在著不少的弊端，因為這些醫院本身就位於城鎮中心，而且所有的收費標準都是按照城鎮的消費水準制定的，因此對於鄉下的農民來說，本身的就醫成本就無形中增加了許多，而且這些前來就醫的許多農民收入也只不過是城鎮居民收入的幾分之一，因此這對於農村的患者本身就增加了額外的就診成本。

　　其實，這種所謂的逆向調節，在政府的福利方面還存在著

很多體系上的不公，但是因為改革大勢當即，基本上繼續了某種並不科學的體制，而且在一定的程度上還將其影響進行了放大，因而使得富者更富，而窮者更窮。

每天學點實用經濟學的筆記：

· 常見現象：「窮人存錢，越存越窮； 富人存錢，越存越富。」其實，富人的理財就是把自己不用的錢，借給急需用錢的人； 把窮人借不起錢，借給那些能用錢生錢的富人，因而，富人更富，窮人更窮。

· 社會財富分布不均的表現：「越存越窮」與「越賺越多」。因為普通人的財富有限，所以他們常會選擇比較落後的理財方式，儲蓄； 而擁有巨額財富的人，卻能透過不斷支出獲取更多的機會與資源，從而實現財富累積。

05 捕捉低風險的賺錢機會 —— 套利

經濟學領域總是不斷以各種各樣的方式或者方法獲取更大的經濟價值或者利潤。於是，在經濟學中也就出現了所謂的套利。套利實際上就是指在一個市場以某種特定的價格買進的商品、證券、基金或者外匯的同時又在另一個市場以高於之前市場的價格賣出的一種經濟行為，簡單的說，就是在同一時間從

低買高賣的經濟行為中獲取更多的中間差價。

由於，經濟市場上的套利行為主要發生於兩個市場之間存在著一定的價差，而且其中的價差則一定是買進與賣出時所需要的交易費用。但是，必須具備的一個前提是，套利活動的進行一定要保證市場上交易的類似商品價格必須保證在買進與賣出時所規定的範圍之內。任何商品或者基金的價格的偏離都可能出現交易費用範圍的變化，也都會存在誘發套利行為的可能。

如今，經濟市場上存在的套利交易也已經成為國際金融市場中的主要交易行為。而目前國際上的絕大多數基金也採用部分套利或者套利的方式參與期貨以及期權的市場交易行為的。

伴隨著期貨市場規範的進一步發展，以及上市品種多元化的趨勢，經濟市場蘊藏著巨大的套利機會，而只要用心發掘，就一定能夠尋找到套利交易的反曲點，以此獲取穩定的經濟收入。

當所有的投資者開始籌劃套利交易之前，他們也是分析了套利的特點，套利的風險低，而且在交易的過程中也可以避免一些突發狀況帶來的損失而為其提供特殊保護，但是需要注意的一點就是套利的盈利空間不大，相對來說比較直接。

除此之外，套利還具備幫助其恢復市場價格到正常水準的作用，它的市場流動性也極強，但是對於套利來說，最為重要的除了時間的同一性之外還有保證收益為正的確定性。但是，

在實際操作中，也存在著一定的先後順序，有時候可能會以很小的機率導致虧損現象，但依然也屬於「套利」的範疇，這完全來自於對其廣義上的定義。

　　套利一般是以五種不同的基本形式存在的，分別有空間套利、時間套利、風險套利、稅收套利以及工具套利。但是各自的套利也必定有著自己所遵從的規範和標準。例如： 空間套利往往是指在一個市場以低價買進某種資產或是商品，但是在另外一個市場又以較高的價格賣出同種資產，以此來賺取兩個市場之間的差價行為。而時間套利一般是指同時買賣在不同時點交割的同種資產，既包括未來對未來的套利，同時也包括現在對未來的套利。風險套利主要依靠風險定價上存在的差異，透過低買高賣賺取無風險利潤的一種交易行為。而所謂的稅收套利一般是指利用不同的投資主體，不同的收入來源以獲取稅收待遇上的差異而進行的一種套利交易。還有最後一種工具套利，它則是利用一標的資產現貨以及各種衍生出來的證券價格差異，透過低買高賣的方式來賺取無風險利潤的經濟行為。

　　無論是哪種形式的套利，它基本都是利用一個或多個市場存在的某些價格差異，在不承擔任何風險或者承擔較小風險的情況下賺取高收益率的一種經濟交易活動。雖然套利的本身屬於一種市場無效率行為，但是它的結果卻促進了市場的效率的不斷提高。

　　事實上，經濟市場上的套利本身指的就是人們其實是在買進或者賣出兩張不同類型的期貨合約。交易者往往會把自己買進的看作是一種較為「便宜」的合約，將同時賣出的那些看作是「高價」的合約，以此來獲取兩種合約價格之間的變動利潤值。

　　套利相較於那些單項的投機交易來說是一種比較完善，比較成熟的投資模式。它本身具有風險小，收益穩定的特點，因此比較適合高額資金的投入。但是在一般的實際運作中，因為現貨的交易關係很有可能影響到許多股票的同時下單，所以，設計好的套利軟體是相對來說最為關鍵的一步。

　　但是，如果在執行停損的條件下，如果每年想要賺取至少百分之二十的固定利潤，一定需要進行套利交易，這也是許多散戶唯一可以放心進行的一種交易模式。其實無論是哪種資本的套利交易都不存在什麼特別高深莫測的交易條件，都只是單純的依靠賺取兩個價格之間的差價。

　　總之，套利交易不再單純的只是停留在期貨品種之上。這是不局限於任何商品的一種相對很廣的交易，既可以是債券、正股也可以是認購證，只要是存在著不同標價的資產或者商品之間都可以進行套利交易。只不過期貨與股票比較常見而已。所以，如果在想要長期進行套利交易，只需要始終關注某一市場中的一個期貨品種在不同月分之間的價格差額就完全可以滿

足套利的條件。

每天學點實用經濟學的筆記：

· 套利成功的關鍵就在於捕捉套利的機會，一個套利計畫的成功主要來源於投資者的耐心與堅持，即等待套利的最佳時機與果斷實施計畫的順利完成都有著很重要的意義。

· 套利是指投資者與借貸者，同時利用兩地的利率差價以及匯率的差價，或者是流動資本來賺取更大的利潤。

06 投資不能「畫餅充飢」

所有的事情在付諸行動之前都需要進行良好規劃以及準備，一旦正式開始執行時，就不至於讓當事者手忙腳亂。尤其是在經濟發達的今天，所有的投資也需要進行一定的規劃設計，而不能盲目投資，更不能在沒有任何理財基礎下去「畫餅充飢」。

亞歷山大大帝死後，伊庇魯斯的王子 —— 皮洛士（Pyrrhus），一心想在地中海建立一個屬於自己的大國，因為他極度崇拜馬其頓國王亞歷山大大帝的豐功偉績。於是，西元前二八一年，皮洛士便開始了自己的征程，他率領大批將士直擊

羅馬。後來在阿普利亞境內的奧斯庫倫城附近,雙方展開了激烈的廝殺。因為之前缺少一定的策略分析,再加上皮洛士的年輕氣盛,最終的皮洛士雖然取得勝利,但也損失了大批的強勁力量。

戰鬥剛一結束,看著勝利的大趨勢,殘留的兵將向皮洛士表示慶祝,但是看著滿目硝煙的戰場,皮洛士神色凝重的嘆息道:「要是再來一次這樣的勝利,我也就徹底垮了。」這就是世界歷史上著名的「皮洛士的勝利(Pyrrhic Victory)」的典故。在經濟學領域一般被引申為成本過高而收益極低的一種經濟現象。

所有投資的成本都屬於商品經濟的一種價值範疇,也是所有商品價值的主要組成部分。但凡人們想要實現一定的經濟目的,就一必須進行一定規模的生產經營活動,那麼同時也需要消耗一定的社會資源。那麼,其中也就需要付出一定的人力、物力或者財力的成本,而其中所有耗費的貨幣資源也就是所進行生產過程中的成本。

而且伴隨著目前商品經濟的加速發展,所有的成本概念潛在的內涵以及外延也都不斷處於伴隨性的變化與發展之中。想要獲取盈利,就必須進行實際資本的投入,而不只是單純的停留在概念之上。

所有產品的成本,都包括了生產與銷售過程中需要支付

的所耗費的資源成本，這些都是需要用貨幣進行衡量的所有經濟價值之和。企業在基本上也需要對所生產出來的產品消耗一定的生產資料與勞動力，這些投資也是需要用貨幣消耗進行計量，其中既有材料消耗費、材料折舊費、勞動力薪資費等等。

　　任何一家企業的經營活動絕不只是單純的停留在產品的生產上，同時也包括產品的銷售活動，在銷售活動中所產生的一切費用，還有在進行銷售活動中的主體，人的薪資，這些都應該統計進成本。除此之外，在進行管理生產還有管理生產所經營活動中產生的所有費用也應當一同計入成本投資之中，這也是投資形成的一種性質。

　　所有投入的成本都是為了不斷獲取更多的物質資源，才付出的一定經濟價值。但是，企業為了保證生產經營活動的正常化，還需要再生產的過程中不斷購置各種生產資料，那麼在採購商品的過程中需要支付的費用，這些也就形成了最終的採購成本。

　　當生產經營活動按照一定的程序繼續發生時，那些最初投進去的成本也就再次轉化成為生產成本與銷售成本，繼續賺取利潤值。如果從成本利用上說，可能屬於一種價值犧牲，但是從它的目的性以及實現性上來說，卻是一種資源的重整獲益價值。它本身就是實現一種目的，而放棄了另一種目的所犧牲的經濟價值。

最後，在用一個簡單的事例，對投資成本進行一下說明：勝凱準備在家附近租賃一個店面開服裝店。但是當勝凱在進行成本核算的時候，他把租賃店面的租金、進貨所需的流動資金、還有借款所需支付的利息、水電費、營業稅以及所雇員工的薪資統統加上之後，再用假設的盈餘減去這部分的費用，他自己認為還是可以賺到錢的。其實，這樣的成本核算還存在著一定的問題，因為他在計算的時候漏掉了自己的薪資部分，還有自己墊付的資金利息，乃至於開店過程中自己無形中遺失的機會成本等。如果能夠把這些成本都考慮在內，才能夠決定開店是否有賺錢的機會。

所以說，任何投資都不是簡單的畫餅充飢，而需要實實在在的計畫投資，需要一定的成本投入。這樣就可以在無限個可能的機會中把握良好的商機，為自己創造出更大的財富空間，讓自己擁有更多的物質享受。

每天學點實用經濟學的筆記：

· 可變成本指的就是所投入的成本可能隨著產量的變化而變動的一種成本專案，其中既有原料、燃料，也有動力的相關生產要素產生的總價值。一定時期內，當產量增大，生產的產品原材料消耗也會不斷增多，從而所需的成本也就會增大。

· 固定成本是指產品的成本總額在一定時期或業務範圍之內，並不會因為業務量的增減發生變化。比如企業廠房、機器設備等，所投入的成本都不會發生改變。

07 炒股賭智慧而不是賭運氣

伴隨著現代經濟的迅速發展，越來越多的人逐漸改變自己的生活節奏，以便於使自己能夠跟得上新時代的步伐。而現在也有更多的人們都開始注重培養自己的理財觀念。如果有人要問：「炒股到底算不算一門科學？」便可以這樣回答：「炒股雖然不是一門科學，但卻是門藝術。」因為，就連在證券交易所門口賣茶葉蛋的老奶奶也有可能會在股市上小試牛刀。

股票交易從表面上來看比較簡單，充其量也就是一買進賣出，但是其中所蘊含的經濟道理卻並非那麼容易理解。如果炒股簡單的真的能在短短的二十天時間裡掌握其中的奧妙，那麼相信也就不會有如此多的上班族了，他們早早起床賺來的那麼點微薄的工作，還不如整日坐在電腦前仔細觀察股票上升的走勢。

現在依舊有許多在股市摸爬滾打的股民們，其中有一部分是把炒股當成投資來做的；　還有另一部分人卻是將炒股當成一種投機行為，以圖一時的賺錢之快；　只有極少數人只是跟風

進去小玩一把的。當一些人小試牛刀的時候，也就是剛一入股市運氣挺好，賺了一些錢，於是不知道滿足的他們還會繼續投錢，以期望從中賺取更多的資金。對於那些初試者，剛開始的賺錢其實就是股市放下的「誘餌」一般，一旦等你陷進去，也就會感受不斷賠錢的滋味。只有那些專門研究股市的專家們才可能真正從股市賺到錢，因為他們已經具備足夠的知識去分析存在於股市上的祕密。

所以說，對於那些還沒有真正進入炒股產業的人來說，潛在的壓力是巨大的，因為很多時候的賺錢與虧本都是在自己不知不覺間發生的。如果想要繼續在股票市場停留，就必要具備足夠的財力和精力不斷堅持。要有足夠的資金與之進行長期的抗衡，也應該要有足夠的耐力與精力對其進行分析。

凡是炒過股票的人基本都有過這樣的經歷：但凡股市失利，一不小心虧點小錢，自己內心還容易接受；一旦因為自己分析不到位，沒能及時反應過來，虧損了大錢就如同割掉自己的心臟，能不痛嗎？股市大虧時，不僅是資金上的一種可惜，對於自己精神上的打擊才是最無法控制的，一旦自信心受到了極大的打擊，那麼，對於後期的各種投資都是弊大於利的。

為了讓更多的股民對股市能有一個清晰的認識，具體為大家在股市操作中進行一下小小的分析指導：當一些股民對於股市還不具備很好的掌控能力時，可以選擇分層下注。那麼究竟

第 9 章　理財中的經濟學：雞蛋要分籃放

何為分層下注呢？ 其實就是當你打算購買某種股票一千股時，第一手先不要直接購買一千股，可以先試著夠買兩百股的零股，然後再看看股票的漲跌是否沒有脫離自己預想中的軌跡，如果答案是肯定的，那麼就可以選擇繼續購買。如果答案是否定的，那麼就應該盡快停損。如果表現正常，可以試著比之前再多買兩百股，結果還是比較理想，那就買足一千股。

因為很多時候，股票漲跌的幅度是不規則的，如果害怕失利，始終只是觀望，那麼也是賺不到錢的； 而一旦入場肯定就會有虧損，因此炒股者還必須具備承受股票風險帶來的壓力。但是這個問題的解決並沒有什麼更好的途徑，只能依靠自己在實踐中透過不斷摸索總結出來的經驗。如果能夠始終將「保本」這個概念牢記於心，那就需要把每次炒股所犯的錯誤都記住，時間久了，體會越深，也就大概能知曉其中的祕密。

如果想要在股市賺錢，除了必須具備的專業知識和總結豐厚的經驗以外，那就是還要有足夠的忍耐力，不斷等待最佳的賺錢機會，這是需要一個漫長的過程的。經調查，許多股民幾乎把自己入市的全部資金都用來購買了股票，無論他們所面對的是牛市還是熊市。幾乎所有的炒股者都有個一共同的想法，那就是：「我的錢就是用來賺錢的」。

很多時候，炒股靠的是智慧，而不是運氣。如果能有機會去賭場看看，也許就能夠深刻明白股民們為什麼會一直熱衷

於在股市等待機會。賭場上的賭客們一般都會很堅持站在賭桌旁，死死盯著賭桌，他們生怕自己一不小心就會輸掉自己全部家產的機會，一旦所有的資金全部輸掉之後，才可能會收手。

股市也許與賭市就存在這樣的差別，因為股市有時候根本沒有絲毫的規律或者秩序可循。處在這一步的時候，完全不知道下一步會如何發展。但是，相對來說股票在大多數的情況下還是存在著一定的理性，也是有規律可循的。儘管每檔股票本身所具有的股性不大一樣，但也是大同小異，當然，這其中的奧祕還需要自己不斷觀察，不斷研究，等累積到了一定的經驗就可以順勢而為了。

如果想要在股市獲得很好的收益，就必須抓住入市的關鍵時機，只有做到了這一點才可能確定入市之後的獲勝率高於百分之五十。只有這樣，才能在不斷盈利的基礎上自由發揮，但是一定要切記「保本」是絕對不可忽視的問題之一。

所有的新手炒股，毋庸置疑，都會先把一些賺錢的股票統統拋出去。因為剛開始的她們只是想滿足一下自己賺錢的欲望。如果一個炒股新手準備用四萬元資金入場，為了分散風險，每檔股票只投到十分之一，也就是每種股票投四千元，一的時間，最終的結果是五漲五跌，其中的四支漲了百分之十，一支漲了百分之兩百，另外五支跌了百分之十。那麼一年時間之內，剛開始入場的四萬元本金也就變成了一年之後的五萬

一千六百元，幾乎近百分之三十的報酬率，但是購買的股票中，只有那支漲了百分之兩百的股票才是取決於成功的決定性因素。

相比較而言，對於那些坐在賭桌前的賭徒來說，下不下注是非常困難的，因為每一次新的賭局都可能是一次新的機會，幾乎沒有哪一個賭徒在賭場的時候願意錯失一次新的機會。而對於那些炒股的人來說，也許入場的時候並不是很容易的，但是無論如何努力，他們的出場都是非常的容易，不管是賺了還是虧了，只要遊戲結束了，也就不得不離場，從理智上來講是不需要做出任何判斷的。

所以說，股市也就如同永不消失的賭局，如果沒有開始，也就不會出現結局。股票永遠都是處於一個變動狀態。股市上只要存在有比之前交易更高的價錢，股票交易市場的價格也就會跟著不斷上漲。同樣的道理，如果有低於之前價格進行交易的，那麼，股價也就會下跌許多。由此可見，股市上道理還需要運用更多的智慧去把握，那種潛藏著的震盪是看不見，摸不著的，所以說：「炒股靠的是智慧，而不是運氣。」

每天學點實用經濟學的筆記：

· 股市不是賭場，股市是自由的交易場所，可以買進，也可以停損。要想明智炒股，必須善用規則。

　· 複雜的心理狀態會影響到一定的投資決策，並且還具備一定的反作用。當風險得到控制，股民應做到該買就買，該賣就賣。

第 9 章　理財中的經濟學：雞蛋要分籃放